KB208840

종학스님의 행복한 기도이야기

참 행복한 나

2

종학 스님 지음

"전생을

알고자 하느냐?

그것은 현재 자신이 받고 있는 일이요,

다음 생을

알고자 하느냐?

그것은 현재 자신이 하고 있는 일이다."

-법화경(法華經)-

초판 '기도의 빛' 머리말

　'기도의 빛'의 저자인 저 종학은 15~16세 무렵부터 건강이 안 좋아 많은 고생을 하였으며 또한 불행한 가정사로 인하여 실타래처럼 얽히고설킨 운명 앞에 절망과 마주하기를 수 없이 반복하는 청년시절을 보내게 되었습니다.

　그러던 어느 날 전생에 부처님과 인연이 있어서인지 지장보살님이 친히 찾아오셔서 몽중가피를 내려주심으로 헐벗고 굶주리고 병들과 삶과 죽음가운데 고통 받는 이웃을 위한 기도자의 길을 가야할 운명이 주어져 있음을 알게 되었습니다.

　이윽고 출가한 저는 줄곧 전국 유명기도처에서 기도정진을 하면서 운명의 실타래를 풀어내는데 매달리며 현실의 고통, 아픔이 어디에서 오는지에 대한 원인을 규명하는데 몰두하였습니다.

　이후 각고의 기도정진 속에서 운명의 정체에 대하여 대체적인 원리를 깨달을 수가 있었습니다.

그리하여 운명을 효율적으로 관리하는 방법과 일상의 소원을 성취하는 것과 깨달음을 위한 기도가 어떻게 이뤄져야 하는지, 또한 기도자가 지켜야할 준칙은 무엇인지에 대한 사실을 알 수가 있었습니다.

　이에 작은 깨달음이지만 길을 잃고 방황하는 사람과 길을 찾는 사람과 길을 가는 사람과 더불어 기도의 공덕을 나누고자 '기도의 빛' 이란 제목의 소책자를 내게 되었습니다.

　이에 인연되는 모든 분들이 업장을 소멸하고 소원을 성취하며 자신의 앞길을 밝히는 희망의 빛이 되어지는 것은 물론 지옥에서 고통받는 모든 영가들이 고통없는 극락세계에 태어나시길 기원합니다.

2013년 부처님 오신 날

고령토굴에서 (太平)종학 씀 _()_

증보 개정판을 내면서…

주체적이 되어 창조적으로 살아라! 그리하면 자기만의 길을 개척하여 타의 추종을 허용치 않는 성공인생을 살 수 있다. 자기만의 노하우를 지니면 그로써 최고의 대접을 받을 수 있고, 자기가 자기 삶의 기준이 되어 무슨 일을 하고 살든지 즐거운 마음속에 열정을 불태울 수 있을 것이니 행복하지 않을 수 없다.

현실은 언제나 과거와 미래라는 두 세력과 현실안주와 진부함의 극복이라는 두 생각이 갈등하는 현장이다. 진보라는 것도 흐르는 시간 속에서 안정의 또 다른 이름이 될 뿐이다. 그리고 현실은 자신이 원하지 않아도 항상 불안과 고통이 따르게 된다.

그런 점에서 어느 편에도 치우치지 않고 삶의 두 축인 안정과 진보라는 두 이념을 담아내는 사고의 유연성을 지켜내기 위한 인간본성의 순수성을 깨닫게 하는 수행의 방편을 실천하는 것의 의미가 참으로 크다고 하겠다.

'나는 누구인가?' 라는 문제의식은 생명력을 잃어서 무기력한 나로부터 벗어나 영원한 생명력을 회복하려는 몸부림인 것이다.

그래서 본질적이며 자율적인 생명력을 회복하여 자기가 자기로 살아갈 수 있을 때 비로소 진정으로 삶의 기쁨이 일어나게 되고 살아서 움직이는 힘이 넘치는 자기로 살 수 있게 된다.

생명력을 회복한 참된 자기는 외부로부터 주어지는 일체의 편 가르는 이념이나 기준으로부터 영향받지 않고 그로인해 어떠한 갈등을 일으키지 않는 가운데 자기를 현실에 적응시켜 나가는 자유롭고 역동적인 삶이 되게 할 것이다. 이것이 금강경에서 말하는 "응당 머무는 바 없이 내는 마음" 활용법인 것이다.

부처님이 선언하셨다는 천상천하유아독존(天上天下唯我獨尊)이라는 존엄성은 어느 편에도 서지 않는 삶의 주체로서의 중도적 삶의 관점을 강조하는 것이다. 당신은 자기와 똑 같은 사람이 이 세상 어디에 또 있을 거라고 생각하지 않을 것이다. 한 사람 한 사람이 비교를 허락지 않는 절대적으로 존귀하며 사랑스럽고 신비로운 존재들인 것이다.

성격, 사고방식, 취미, 신념, 이상 등도 자기와 같은 사람은 단한 사람도 지구상에 존재하지 않는다.

마찬가지로 자기만의 성향을 드러내는 창조성도 유일무이한 것이다. 세상의 그 무엇과도 비교를 허용치 않는 천상천하유아독존의 존귀함은 인간 뿐 아니라 하찮게 여겨지는 길거리 돌멩이나 잡풀 하나까지도 지니고 있음을 알아야 한다.

우리의 삶이 각자 자신만의 색깔에 충실하면서 창조적인 진화의 길로 나아간다면 삶에 대한 만족도가 고조되고 자존감(자기 존중심)이 충만하여 기쁨, 웃음, 배려, 사랑, 행복 등의 단어 속에 살게 될 것이다.

그 누구와도 비교를 허락지 않는 자기를 상징하는 힘은 자기를 킹이나 퀸의 지위를 담보해 내게 될 것이다. 자기가 창조적이 되면 기발한 착상이나 아이디어가 쏟아지게 된다.

그러한 창조적인 힘들은 머리를 혹사시키고 참기름 짜내듯 빨리 빨리를 재촉하는 기존의 삶의 문화에서 지친 자기의 심신에 활력을 불어넣어줄 것이며 넘치는 에너지는 자기의 삶은 물론 주변의 변화를 이끄는 원동력이 될 것이다.

지진에 무너진 땅에도 샘은 다시 솟아나고 태풍이 쓸고 간 대지위에는 꽃이 피고 새는 하늘을 날며 새롭게 세상을 수놓아 가게 되는 자연의 위대함이 바로 창조성 때문이다. 자연은 절망이 없다. 당신은 자연이 절망하여 자살을 하였다는 소문을 들은 적이 있는가? 자연은 그렇게 하는 것이 불가능하다. 자연(自然)이란 '스스로 그렇게 살아 있다는 생명력'이라는 뜻이다.

자연은 만물을 살아있게 하는 힘으로 작용한다. 문명화된 생활 속에 적응하느라 오랫동안 인간의 창조성이 가두어지게 되었다. 이제 자기 안에 갇혀서 질식 상태에 있는 창조성을 부활시켜야 한다. 창조성이 죽으면 자기의 삶도 서서히 병들어 죽어가기 때문이다.

우리는 지금까지 창조성의 극히 일부분만을 사용하여 올 수 있었다. 소크라테스, 공자, 예수, 석가, 노자, 장자, 복희, 문왕, 에디슨, 베토벤, 슈베르트, 고흐, 나이팅게일, 스티브잡스, 빌게이츠 등은 모두 창조적인 존재들로 인류의 가슴속에 감동을 주고 생활 향상에 지대한 공헌을 한 사람들이다.

본 저서는 당신으로 하여금 창조적인 지혜와 만나게 인도해드리며 당신 속에 잊혀진 창조성을 확인하는 계기가 될 것이다. 그것은 바로 잃어버린 인간의 주체성(主體性:주인 된 몸과 마음)에 눈을 뜨게 하는 것이기도 하다. 이로써 지극히 창조적이며 세상 속에 그 무엇과도 비교를 허용치 않는 존귀한 존재로서 우주 간에 오직 한 사람인 자신으로 우뚝 서도록 자극을 줄 것이다.

　끝으로 '기도의 빛'이 증보 개정되어 '참 행복한 나'로 출간될 수 있도록 정성을 모아주신 김도식, 조소영, 백영숙, 이상훈, 서상훈, 이은자, 우외태, 손미향, 허연옥, 이은경, 조경옥 님께 감사하며 특하나 물심양면으로 지원을 아끼지 않으신 ㈜대성이앤지 문한석 대표님께 감사의 마음을 전합니다. 그리고 극락암 토굴 공부모임 회원과 천안의 유지윤, 원주의 변도균, 변정희, 변학균, 대구의 이윤주, 박진우, 박진서 학생들과 출간의 기쁨을 나누고자 합니다.

2014년 설날 고령토굴에서 (太平)종학 씀

행 복 / 월산 作

대상에 따라서 기쁘고 괴롭고 하는 조건에 의한 즐거움이
아닌, 단지 마음을 비우는 것만으로 채워지는 절대적인 충
만을 의미한다.

목 차

제 1 장   태평가(太平歌)

제 2 장   佛說 三世 因果經 -불설 삼세 인과경-

제 1 장
태평가(太平歌)

대자대비라는 사랑에 눈을 뜨자!

일체만물은 불성을 가지고 있다는 뜻으로 실유불성(實有佛性)이라는 말씀이 있다. 그러므로 일상생활 어느 하나도 불공이 아닌 것이 없는 것이다. 자신의 마음을 비우고 부처님께 나아가 귀의(歸依)하는 의식은 사찰이라는 법당 안에서만 이루어지는 것이 아니다.

사찰에서 진행되는 학습프로그램은 현실 마당에서 적용되어야 할 내용을 배우는 학습행위인 것이다. 사찰에서 진행되는 학습의 주제를 하나로 함축하자면 대자대비 곧 사랑이라고 할 수 있다.

부처님께서 들어 보이신 연꽃 한 송이에 마하가섭은 눈이 멀었고 어느 선승의 고함소리에 눈 푸른 수행자는 귀가 먹어 버렸다. 눈과 귀라는 것은 감각기관으로 우리의 의식 활동의 출입처가 된다.
바로 감각기관이 멈춰 버렸다는 것은 '자기'라는 생각이 사라져 버리고 전체가 되었다는 것이다. 곧 대자대비한 부처님 마음을 자각하는데 연꽃과 고함소리가 방편이 된 것이다.

그리고 자각을 이룬 사람은 방편문(方便門)을 열고 들어가 생사(개별적)를 넘어서서 중도(전체적)의 자리에 이른 것이다. 그에게는 이 세상의 모든 것과 무관한 것이 단 하나도 없다.

이제 그의 눈에 보이는 것은 그 무엇이든지 대자대비 곧 사랑 아닌 것이 없다. 산을 바라보면 산이 곧 사랑이요, 바다를 바라보면 바다가 곧 사랑이다. 떨어지는 낙엽을 보면 낙엽이 곧 사랑이다. '산은 산이요 물은 물이로다!' 라는 것이 바로 이것이다.

사랑을 하는 자는 대상이 무엇이든지 비록 사소히 여겨지고 소외되어 버려진 것이라도 '나누지' 않고 사랑(전체적)으로 바라본다. 수행자가 수행을 하는데 그 어느 것 하나라도 수행의 방편이 아닌 것이 없다. 밥을 먹는 것도 수행이요 잠을 자는 것도 수행이다. 앉아 있어도 수행이요 걸어도 수행이다.

그러므로 차를 운전하는 것도 수행이요 영업을 하는 것도 수행이며 공부하는 것도 수행이다. 그래서 사랑은 현재에 몰입하는 것이다. 대자대비라는 사랑은 상대에게 올인(귀의) 하는 것이니 더 이상 '자기' 가 있을 수가 없다.

인간의 행복이란 나를 잊고 너의 기쁨을 위해서 너에게 집중하는 것이다. 대자대비 곧 사랑의 실천은 그 대상이 사람일 수도 있고 자신이 현재 하고 있는 일 일 수도 있다.

법화경에는 제법실상(諸法實相)이라는 말씀이 있다. 별개로 보이는 그 어떤 것이라도 부처님의 성품을 갖추었고 부처님의 몸짓(행위)이 아닌 것이 없다는 것이기도 하다.

그러므로 대자대비 곧 사랑은 한 번도 나누어진 적이 없으며 항상 전체적으로 있을 뿐이다. 단지 몽매한 중생의 분열된 분망한 마음 가운데서만 나누어져 있을 뿐이다.

모성으로 행복한 공동체를 만들자

사랑의 사회적인 확대는 자신의 행복을 영구적으로 유지하고 더욱더 자신의 행복감을 키우는 길이다. 부모는 자식에게 아낌없이 자신의 모든 것을 내어준다. 자식을 사랑하는 마음이 자신의 소유개념을 없애버린 것이다.

자식을 사랑하지 않는다면 아까워서라도 자신의 소유를 내어줄 수 없는 것이다. 모성이란 바로 소유개념이 사라진 사랑의 심정을 말한다. 그러나 여기에는 '내 자식' 이라는 소유욕에 기초하고 있다. 진정으로 사랑 곧 대자대비한 불성, 신성을 회복하려면 외로운 이웃과 삶의 어려움을 해소하기 위한 사랑의 사회적 확대가 이루어 져야 하는 것이다.

현실적으로 봐도 이웃을 살리는 정신이 확대되지 않으면 우리의 행복을 위한 사회적 환경이 무너져 내려 불행하게 된다. 사회는 또 다른 '나' 의 집합이다. '나' 와 다른 별개의 사람들이 아닌 것이다. 그러므로 교육자, 정치인, 종교인, 사업가 같은 책임 있는 분야에 종사하는 사람들은 이웃의 아픔을 헤아리고 보살피는 노력을 주저해서는 안 될 것이다.

사랑은 이해와 포용이다

그 누군가를 사랑한다는 것은 나를 위해 소중히 다루어지던 것들을 그에게 나누는 작업이다. 그 첫째의 움직임은 관심(觀心) 즉 상대의 움직임을 지켜봄으로 부터 시작된다.

그 대상이 안개, 산야, 햇살, 노을, 긴머리에 짧은 치마를 한 아름다운 소녀, 잘 생긴 미남, 진리를 위한 구도과정이든 소외받는 이웃의 고통을 함께 나누는 일이든 그곳에 관심을 갖고 살펴보는 것이 중요한 것이다.

살펴봄이 없는 관계는 마치 길거리에 엎드려서 한 푼을 구걸하는 거지의 깡통속에 동전 하나 던져주고 무심코 지나가는 것과 다를 바 없다. 이것은 사랑이 아니라 귀찮은 짓을 거지가 시킨 것이 되니 잠시 동안이나마 불편한 마음이 일어나는 것이다.

사랑의 대상에 관심을 갖고 살펴보는 과정은 많은 베풂을 요구한다. 그것은 바로 자기희생이다. 사랑하기 때문에 베푸는 것이지만 그 과정은 피와 눈물이라는 통증을 수반하게 되는 것이다.

지옥문 앞에서 마지막까지 단 한 명이라도 고통 받는 중생을 구제해 내겠다는 지장보살님이 피눈물을 쏟으며 서 계신다는 것이 바로 그것이며 십자가 형틀을 짊어지고 죽임을 당할 골고 다 산을 오르시는 그리스도의 고통이 바로 그것이다.

독재는 백성의 피눈물로 배를 불리고 얼굴에 개기름을 끼게 하지만, 민주는 지도자 자신이 백성을 대신하여 피눈물을 흘리며 백성의 눈물자국을 닦아 주는 것이다. 사랑을 실천하는 수행자는 자기의 피눈물을 거름으로 해서 중생의 마음을 살찌우게 하는 사람이다.

멈추면 비워지고
비워지면 품을 수 있다

태풍이 모든 것을 쓸고 지나가도 태풍의 중심점은 비어 있고 범종소리 천리까지 울려 퍼지지만 그 속은 비어있고, 생사의 파도가 요동쳐도 그 중심은 고요하고 한가로워 오고가는 인생사에 상관을 하지 않는 것이다.

우주의 중심과 인간 마음의 중심점은 한 꼭지에 해당하니 고개를 들어 비추어보면 사람의 중심이 천지와 하나로 통해 있고 천지와 내가 몸과 마음이 하나인 것을 알 수 있다.

어제의 내가 오늘의 나이며 또한 내일의 내가 되듯이 시간과 공간이 하나로서 영원을 꿰뚫어 있다. 대인과 범부가 따로 없고 천국과 지옥이 따로 없으며 삶과 죽음 또한 나눌 것이 없다.

인간은 태어나면서부터 끊임없이 선택을 강요받고 있다.
어릴적에는 부모가 선택해준 것을 자신의 것으로 삼아 성장하고 성년이 되어서는 사회가 요구하는 조건에 맞추어 자신을 만들어 가게 된다.

어쩔 수 없는 삶의 환경이다. 싫다고 거부하자니 현실에 부적응하는 낙오자가 될 수밖에 없다. 생존하기 위해서는 판단과 선택을 계속해 나갈 수밖에 없는 현실은 필연적으로 불행을 낳는다.

부처님은 생자필멸(生者必滅)이라고 말씀하신다. 생한 것은 반드시 사라진다는 것이다. 생물학적인 생명현상이나 문명사회 속에서의 문물이나 제도도 그러하다.

태어나고 만들어진 것은 반드시 없어지게 되어 있다. 이렇게 되는 근거는 음과 양이라는 극단적인 성질 때문에 그러하다.

언어나 문자로 표현되는 진리라는 것도 그렇게 되어 있다. 성인의 가르침이 문자나 언어로 표현되어 전파 된지 수 천 년이 되었고 원하기만 하면 인터넷 검색으로 성인의 가르침을 쉽게 접할 수 있는 시대에 살지만 여전히 세상은 시끄럽고 신과 정의의 이름으로 일으킨 전쟁으로 죽어가는 사람들이 태산을 이루고 있다.

인간은 여전히 불행속에 허덕이며 살고 있는 것이다. 이러한 현실이 언어나 문자로서는 인간의 불행한 현실을 해소할 수 없다는 것을 증명해 주고 있는 것이다.

그것이 아무리 도덕적으로 완벽한 것이고 구원을 주고 해탈을 주는 가르침이라도 인간은 불행할 수밖에 없다는 모순이 생기는 것이다.

구원과 해탈의 문제는 울부짖는 기도나 순간의 감동을 느끼는 설교나 설법으로 해결할 수 있는 것이 아닌 수행을 통한 깨달음 속에 있기 때문이다.

삶이 고통스럽다면 죽음 또한 고통스럽기는 마찬가지다. 죽음이 두렵고 고통스런 것이라면 삶 또한 두렵고 고통의 연속일 수밖에 없다.

인간이 밝음을 선택한 순간 그림자도 함께 따라오게 된다. 반대로 그림자 속으로 들어가는 순간 밝음도 함께 따라가는 것이다. 사랑의 마음을 일으키는 순간 미움의 감정도 함께 따르는 것이다.

당신이 행복하고자 노력할수록 불행은 항상 당신 주변에 도

사리고 있는 것이다. 그러므로 인간의 불행한 현실을 극복하는
길은 오직 마음을 비우고 판단과 선택을 멈출 때 가능한 것임을
알아야 한다.

밝음과 그림자를 동시에 버리고 그 어느 편으로도 마음이 움
직여가지 않아야 한다. 마음이 멈추고 그 어느 곳으로도 움직여
가지 않고 중심(中心=中度)에 머물러 있을 때 생사의 굴레에서
벗어나서 행복을 느낄 수 있는 것이다.

마음이 어느 곳에도 흘러들어가지
않고 중심에 머물러 있을 때 당신은
행복할 수 있다. 당신은 기도를 통해서
잠깐이나마 중심(中心=中度)을 느낄
수 있을 것이다.

기도 중에 무수한 선택을 강요받고 자신도 모르는 가운데 여
러 상념에 꺼둘려서 팽이처럼 이리저리 움직여 다니는 마음을
발견하게 될 것이다. 그리고 혼란스러워 할 것이다.

이것이 당신을 그동안 현실이라는 무대 위에서 움직이게 하
는 힘이었다.

당신의 마음은 잠시도 생각 없음의 상태(중심, 중도)에 머물러 있지 못하고 이곳저곳으로 흘러 다니는 것을 발견하게 되고 이것이 현실에서 당신을 불행하게 한 근원임을 알게 될 것이다.

그리고 당신은 상념을 따라 그 어느 쪽에도 마음이 움직여서는 안 된다는 것을 알게 된다. 평상시 당신은 자신의 중심에서 멀리 벗어나서 주변의 삶속에 얼마나 많이 꺼둘려 살아왔는지 비로소 느끼게 된다. 팽이가 자리를 잡지 못하고 주변을 떠돌며 돌아가듯이!

우리가 살고 있는 현실은 행복할 수 없는 음과 양이라는 상대적인 극단의 구조속에 놓여있다. 이것은 인간의 선한 의지와 다른 불행이라는 모순을 낳게 되어 있다.

도덕적인 고상한 말씀이나 성인들의 가르침까지도 아무런 구원과 해탈에 이르지 못하게 되어 있는 것이다. 부처님은 이러한 불행한 현실에 처해 사는 우리로 하여금 행복을 누릴 방법을 제시해 주신다.

행심반야바라밀다(行心般若婆羅密多)라는 것이다. 이 방법은 중도(중심)로 돌아가라는 관세음(觀世音)이라는 테크닉이다.

마음이 온갖 상념에 꺼둘려 가는 것을 멈추면 비로소 고통의
수레에서 뛰어내릴 수 있다는 것이다.

"약인욕요지, 삼세일체불
응관법계성, 일체유심조"

만약 사람이
삼세 부처님의 지견을 온전히 알고자 하면
법계의 성품을 관찰하라
일체는 오직 생각이 만든 것이다.

자유는 아는 것과
믿는 것으로부터 해방이다

인간은 불안한 존재이다. 왜 그러한가? 그 마지막 모습으로 죽음을 생각할 수 있기 때문이다. 인간은 죽음과 더불어 한 평생 만들어온 업적과 인연들로부터 영원히 떨어져 나가게 된다. 그것은 엄청난 충격으로 고통이며 슬픔이다.

부처님은 생자필멸(生者必滅)이라 하여 만들어진 것은 반드시 '사라지고' '없어진다' 고 우리가 살고 있는 존재계의 현실을 말씀하셨다.

인간의 현실이 그러한 것은 모든 것을 물질화하는 습관에 젖어 있는 인간의식의 한계 때문이다. 이러한 인간이 믿을 수 있는 것이라곤 이 세상에 아무것도 없다. 그러함에도 불구하고 불안에서 벗어나려고 모르는 것 까지 신념화하며 자신을 속이고 사는 것이다.

서로 속고 속이며 함께하다 어느 날 죽음을 맞이하게 된다면 가상의 현실로 옮겨가서 생을 계속이어 가든지 아니면 인간세상으로 다시 돌아오는 환생의 길로 접어든다. 그렇게 믿기 때문에 그러한 일이 일어나는 것이다.

종교적인 믿음이란 죽음에 대한 공포에서 벗어나기 위한 것이며 죽음과 함께 모든 것을 잃게 된다는 두려움에서 벗어나고자 하는 심리가 깔려있는 것이다.

의식주에 관련된 활동을 놓고 경쟁하는 것이나 섹스심리까지도 두려움에서 벗어나기 위한 것이요 폭력적인 행동이나 심신을 병들게 하는 자극들도 모두 두려움에 대한 심리가 왜곡되어 나타나는 경우에 해당한다.

성경에서 말하는 "하나님이 천지를 창조하시느니라. 땅이 혼돈하고 공허하며 흑암이 깊음 위에 있고 하나님의 신은 수면위에서 운행하시느니라" 라는 것은 천지창조이전의 하늘과 땅, 낮과 밤, 밝음과 어둠이 생기기 전의 한정(시간, 공간) 없는 무한대한 기의 바다를 말하고 있다.

....

*이러한 관점은 범죄자들의 교화와 비행청소년들의 선도에 있어서 성장과정에서 얻어진 불안심리를 해소해주는 것이 우선시 되어야 한다는 뜻이기도 하다.

이곳에 삶과 죽음이란 존재하지 않는다. 생자필멸(生者必滅)의 원리가 적용되지 않기 때문이다. 철학적 사색도 종교적 신념도 이를 자각(自覺)하는 데는 아무런 힘이 되지 않는다. 도리어 방해만 될 뿐이다.

오직 생각 없는 '어린아이'의 순진함과 마음을 '비움'만이 필요한 것이다. 정신적인 지식의 힘으로 무장하거나 종교적인 신념의 힘으로 이를 수 있는 것이 아니다.

정신적 물질적으로 크게 소유한 사람은 절대 들어갈 수 없는 것이기에 '부자가 천국에 들어가는 것은 낙타가 바늘귀로 들어가는 것 보다 어렵다'고 한 것이다.

당신의 본 모습은 세상이 만들어지기 이전에 있다. 삶과 죽음이 만들어지기 이전에 있는 것이므로 천당과 지옥, 극락과 지옥이 만들어지기 이전의 부처님 나라, 신의 나라인 것이다.

그러므로 천당과 지옥, 극락과 지옥이 원래부터 존재하는 것으로 부처님이나 신이 만들어 놓은 것으로 착각하면 안 된다. 하나의 가공의 세계임을 알아야 한다.

인간에게 주어진 숙제는 세상이 만들어지기 이전의 본 모습을 자각해 내는 것이다. 부처님이 깨달으신 내용은 세상의 모든 것이 기의 바다가운데서 출렁이는 가운데 인연 따라 일어났다 결국에는 기의 바다 속으로 흡수된다는 사실이었다.

물론 천당이나 극락, 지옥을 가지고 열변을 토하며 '죽느니 사느니'를 주장하며 그렇게 살고 싶은 사람은 어찌 할 수 없는 것이니 팔자려니 할 수 밖에 없다.

함께할 동무가 오늘에 있어 행복합니다. / 월산 作

이웃을 내 몸같이 사랑할 수 있으려면

예수님은 "네 이웃을 내 몸 같이 사랑하라" 고 하셨다. 그러나 자기 몸을 사랑하는 자는 이웃을 사랑할 수 없는 것이다. 자기에 대한 집착을 넘어선 자만이 이웃을 자기 몸처럼 챙길 수 있는 것이다.

자기에 대한 소유개념이 남아 있는 사람에게는 이웃은 단지 남일 뿐이다. 인간의 불행은 계속해서 이것저것 나눈다는 것이다. 내 것 네 것으로, 피부색으로, 가진 자와 못가진자로 나누기도 한다. 같은 교조를 믿는 신자들도 교리 차이로 인해 파벌이 갈린다.

생각이나 신념이나 이익을 가지고 어느 한 편에 서서 입장을 취해야 하는 경우 등이 생긴다. 그것은 입장을 달리하는 사람을 경계하게 되며 심하면 짓밟고 지나가야 하는 충돌도 불사하게 된다.

중동국가 일부에서 매일 살육이 일어나고 있다. 이 죽고 죽이는 악순환의 원인에는 본처와 후처 자식 간에 일어나는 저주의 칼춤이 있다. 부모님의 재산을 앞에 놓고 형제간에 치고받고 하는 진흙탕 싸움과 다름없음이다.

철학적 주장이 다르고 종교적 믿음이 다르다는 차이가 인간을 불행하게 해서야 아는 것과 믿는 것이 자유나 구원, 해탈의 진리라고 할 수가 없다.

인간의 행복 곧 자유라는 것은 알고 믿는 것으로 해결될 수 없다. 그래서 아는 지식과 믿는 관념으로부터 벗어나 수행의 길로 나아가야 한다. 자기 욕망을 이기는 자만이 자기에게 집중되는 것을 주변에게 돌릴 수 있다. 자기를 비운 자만이 이웃에게 나누어 줄 수 있다.

인생은 게임을 즐기듯
현실에 충실(집중)하는 것이다

게임이란 이루지는 과정에 몰두하여 즐기는 것이다. 결과가 어떻게 나오든지 간에 전혀 신경 쓸 필요가 없다. 결과에 신경을 써야 하는 경우라면 게임으로서의 정신은 잃게 된다.

게임은 순간을 즐기는 것이다. 그러려면 결과에 연연하면 안 된다. 결과에 연연하는 것은 도둑의 심리가 발동하게 된다. 이러한 원인은 과거에 대한 집착에서 비롯된다. 잃어버린 과거에 대한 보상심리에서 순간을 이용하려는 행위는 어느 것이든지 도둑놈 심리가 작동하고 있다.

예를 들어, 돈 놓고 돈 먹는 화투나, 포커나 내기 골프나 경마, 투견, 닭싸움, 소싸움 등등은 게임이라는 행위를 즐긴다는 정신을 상실한 도둑질 심리에서 비롯된 과거에 꺼둘려 있는 것이다.

잃어버린 자신의 과거 시간을 한 순간에 성공으로 돌려놓고 싶다든지 도박으로 잃어버린 돈을 한 건으로 회복하려고 한다든지 하는 것은 모두 도둑놈 심리에서 비롯된 것이다.

대부분의 인간 의식의 움직임에는 이러한 도둑의 심리가 자리하고 있다. 한 마디로 인생을 도박처럼 하고 있다는 것이다. 그런 점에서 카지노 같은 도박 사업을 국가가 합법화하는 것은 세금 걷겠다고 국가가 인간의 황폐화를 허용한 것에 해당한다.

현실에 충실하며 현재 이 순간에 집중하여 사는 사람은 도박 같은 것을 하지 않는다. 그에게는 한 건을 통해서 잃어버린 시간을 회복하는 따위가 별 의미가 없기 때문이다.

어느 사람이 오페라 감상을 위해 표를 구매하고 관람을 하였는데 별 재미가 없다고 하여 표 값을 물어내라고 항의 한다면 당신은 이 사람을 어떻게 보겠는가?

마찬가지로 현재라는 과정에 집중하지 못하는 사람은 과거의 잃어버린 시간을 한 순간에 회복하려 한다든지 하여 현실을 과거 속으로 끌고가 그 결과를 판단하려고 한다.

이런 사람은 무엇을 하든지 결과에 대한 불만으로 가득 차게 되어 있다. 그래서 자신의 현실은 항상 불행하다고 여기게 된다.

당신이 행복하고 그래서 현재를 즐기려면 과거가 현재를 점령하게 허용하지 말아야 한다.

당신이 하는 모든 일에 있어서 그 과정을 중시하고 몰입(충실)한다면 당신은 인생을 즐길 준비가 되어 있다고 할 것이다.

자! 이제 결과에 꺼둘리지 않고 현재를 즐길 수 있는 자신이 되기 위하여 한 발 앞으로 나아가 보자!

사랑은 길이요 진리요 생명이다

우주와 인간의 본질은 사랑인 대자대비심이다. 그러므로 사랑이 삶의 시작이며 과정이며 목적이 되므로 모든 일에 임하는 태도에서 대상을 사랑의 눈으로 바라보고 끌어들이고 그와 더불어 하나가 되도록 해야 한다.

의식이라는 가면을 쓰고 바라보지 말고 의식의 가면을 벗어버리고 대상의 내면 속으로 뛰어 들어가야 한다. 그리하면 잠들어 있던 느낌들이 서서히 살아나면서 자신을 감싸기 시작할 것이다. 사랑이란 주는 자만이 사랑을 되돌려 받을 수 있다.

무슨 일을 하든지 그 일 속으로 빠져들어가 보라. 그러나 당신은 사랑이 없이는 몰입할 수가 없다. 사랑이란 개체성을 십자가에 못 박고 전체성으로 거듭남이다.

우리는 일상생활 속에서 이러한 경험을 얼마든지 할 수 있다. 사랑하는 마음으로 요리를 하면서 그 요리 속으로 들어가라, 사랑하는 이를 위해 돈을 번다고 생각하며 그 돈 버는 일에 몰입하라, 사랑하는 마음으로 공부를 하면서 공부 속으로 몰입해보라, 사랑하는 이를 위해 노래를 부르며 그 가락 속으로 들어가 보라,

그리고 사랑하는 이를 간절히 찾듯이 염불소리에 몰입해 보라 그래서 염불소리가 들려오는 맨 처음의 희미한 자리로 들어가 보라 그 느낌 속으로 들어가서 느낌에 안겨 그 느낌이 가득 채워지도록 해 보라,

바로 당신 생명이 맨 처음 만들어져 나온 사랑의 자리에 안겨서 평화를 만끽해 보라. 사랑은 생명의 근원이며 인생이 도달해야할 마지막 '포인트'인 것이다.

형식의 굴레를 벗어나야 한다

형식의 굴레는 의식으로 만들어진 포장이며 몸과 같다. 이것은 끝없이 고통을 만들어 내는 생각의 굴레이고 윤회의 쇠사슬이기도 하다. 색깔이 다르고 생김새가 다르고 말이 다르고 행동이 다르다는 이유로 시시비비가 되는 것이기도 하다.

형식이란 본질이라는 내용을 용도에 따라서 다양한 모양으로 표현해 내는 가변적인 것이다. 그 변화의 수는 천천만만으로 무량수에 해당한다. 신성과 불성을 담아내는 형식은 관점에 따라 달라지는 것이며, 본질은 절대 변화지 않는다는 사실을 동시에 이해해야 한다.

뜨거운 사막의 나라 중동에서 바라보는 하늘과 땅, 비옥한 대지위에 서서 바라보는 동양의 하늘에 대한 느낌, 정서, 사고방식이 같을 수 없는 것이다. 그래서 하늘을 생각하고 땅을 바라보는 마음들이 달라지는 것은 하등 이상할 것이 없다. 도리어 같다는 것이 이상한 것이다. 그것은 있을 수 없는 일이기 때문이다.

열 달 동안 배앓이를 해 쌍둥이를 낳아 키워내도 생각이 다르며 삶의 진로와 적성, 취미가 서로 다른 것이다. 다름을 인정하지 못하는 사고방식을 갖은 자들은 자기 스스로는 상대와 같아질 수 없는 철벽같은 고집을 가지고 있으면서도 자기 이외의 사람들에게는 자기와 같아져야 한다고 강변하는 것이다. 왜 그런가? 자기가 자기를 모르는 멍텅구리이기 때문이다.

유대교인, 기독교인, 이슬람교인이 신을 달리 표현하는 것은 당연하다. 더 나아가서 종교가 다른 불교가 신에 대하여 이야기하는 것이 또 다른 느낌을 주게 되는 것 또한 당연한 것이다. 똑같다면 종파가 갈리고 종교가 달라져야 할 이유가 없는 것이다.

그러나 종파가 다르고 종교가 다르더라도 각기 이야기되는 주제 곧 본질은 같은 것이다. 그러므로 생각이 다르다는 이유로 적대시하며 증오심을 갖거나 무력을 사용해서라도 죽이는 전쟁 따위의 불장난은 욕망의 노예들이나 저지르는 것이며 이들은 신이나 부처까지도 욕망을 채우기 위한 도구로 삼는 자들인 것이다.

이들은 자기를 '비우고' '버리고' 신성이나 불성으로 자신을 채우는 것이 아니라 세상을 원망하고 불만스러운 마음을 종교적 차원에서 자기 합리화를 하면서 욕심을 채우고 있는 것이다.

하나를 알아 만 가지를 안다

"부처님이 대중가운데서 연꽃 한 송이를 들어 보이시니 제자
가섭이 이를 보고 얼굴에 미소를 띤다."

일승묘법 연화경(一乘妙法 蓮華經)

'멈추면 맑아지고 맑아지면 밝아지고 밝아지면

비로소 보이니 바로 관세음의 경계이다.'

부처님은 꽃 한 송이로써 화두를 들어 보이신 것이다. 그 순
간 제자 가섭의 마음에 '이 무엇인고?' 라는 의문이 일어난 것
이 아니다. 꽃 한 송이를 들어 보이시는 부처님의 마음이 되어
버린 것이다.

무엇을 묻고 그에 대하여 답을 궁리하는 것은 학습과정에서
나 있는 것이다. 개체성이 사라져버리고 전체적인 안목이 열린
제자 가섭의 눈에는 수많은 연꽃 중에 한 송이로 보여 지는 것
이 아니다.

46

하나의 티끌 속에 우주가 들어 있다는 법성게의 말씀처럼 그한 송이 연꽃이 바로 우주 그 자체의 소식을 전하고 있었던 것이다.

우리말에 '지성이면 감천' 이라는 말이 있다. 초지일관한 마음이 어느 극점에 이르게 되면 그 마음을 발한 시발점으로 되돌아오는 응답현상(廻光返照)이 발생하게 된다.
이를 옛사람들은 지극한 정성심에 하늘이 감동한 것이라고 하였다. 마음이 여기저기 옮겨 다니는 것이 아니라 한 뜻, 한 지점, 한 대상에 멈춰 있으면 이윽고 놀라운 변화가 일어나게 된다.

마치 작은 소체가 에너지로 전환될 때 엄청난 폭발력을 발휘한다거나 또는 쏟아져 내리는 햇빛을 돋보기로 잡아서 한 지점에 모으면 뜨거운 열이 발생하는 것과 같은 이치이다.

마음이 바람처럼 이리저리 흘러다님을 멈추고 한 대상에 머물면 이윽고 그 대상속으로 들어가서 그 대상 자체가 되어 버린다.

....

*정신일도 하사불성(精神一到 何事不成): 정신을 모으면 이루지 못할 것이 없다. 금석가투(金石可透): 금이나 바위처럼 단단한 것도 뚫게 된다.

부처님이 들어 보이신 연꽃을 제자 가섭이 바라보는 순간 가섭은 연꽃 자체가 되어 버린 것이다. 이것이 바로 관세음(觀世音)의 경계인 것이다.

이곳저곳을 돌아다니며 많은 경치를 구경하는 것으로는 그중 어느 하나도 제대로 알 수가 없다. 마음을 하나의 대상에 집중하여 자신의 에너지를 쏟아 부어야한다.

그것이 지장보살이나 관세음보살 또는 진언이나 어떠한 다라니라도 상관없다. 진정한 구경(究竟·본질을 궁리)이 되고 관광(觀光·본질을 바라봄)이 되려면 하나를 정해서 그곳에 정신을 몰입시켜야 한다.

만약에 당신이 지장보살(관세음보살이나 진언이라도 상관없다)을 염송한다고 가정해보자. 처음 당신은 지장보살 네 자를 발성하게 될 것이다. 그리고 그 소리를 듣게 될 것이다.

당신은 발성을 하면서 동시에 발성되는 소리를 지켜보게 될 것이다. 자기가 자기의 움직임을 지켜보는 것이다. 마치 굶주린 고양이가 쥐를 노려보듯이 잠시도 쥐의 동태를 놓치지 않을 것이다.

이렇게 되면 당신의 마음의 흐름은 꼼짝없이 독안에 든 쥐 신세가 되어 버린다.

일정한 리듬 속에 염송되는 지장보살 네 자가 온갖 생각을 한 발자국도 움직일 수 없는 상태로 몰아가게 된다. 물론 처음에는 입으로는 지장보살을 찾지만 순간순간 마음으로는 온갖 잡생각에 끌려갔다 돌아옴을 반복하게 될 것이다.

그러나 너무 염려치 않아도 된다. 머지 않아서 반복된 훈련의 힘이 커져서 효과적으로 잡생각은 다스려지게 될 것이다. 지장보살 네 자에 집중되는 힘이 강해지  면서 지장보살을 염불하고 그 소리에 집중하는 가운데 틈이 더 이상 벌어지지 않게 된다.

염불소리에 집중된 마음이 끊어지지 않고 지속되게 되면 더 이상 지장보살이나 관세음보살이라는 의미는 존재하지 않는다. 오직 소리의 파동이 회오리가 되어 자신을 녹이고 우주공간에 가득차서 울림이 메아리치게 된다.

이것이 바로 회광반조(廻光返照)의 현상으로 스스로를 깨닫게 하는 작용인 원광(圓光)이다.

마치 빈종을 때리면 즉각적으로 종소리가 울려퍼져 나가는 것과 같다. 지장보살 염불 소리(파동)에 나라는 개체는 사라져 버린 것이다.

그 염불소리에 마음이 집중이 되어 한 치도 빈틈이 생기지 않으면 소리를 맨 처음 발한 자신의 마음 중심을 파고들어와 개체성을 해체시키고 적연부동(寂然不動)*한 침묵(沈黙)만이 존재한다.

집중의 힘은 기도자를 깨어있게 하며 외부나 내부의 어떠한 개입에도 꺼둘리지 않게 한다. 그래서 기도자가 관세음보살이나 지장보살을 염송한다든 지 참선자가 화두를 들고 끝까지 나아가는 것이 바로 이것이다.

이를 반야심경은 구경열반(究竟涅槃)*이라하였다. 궁리(화두이든 염불이든…)의 마지막 끝점에 가서는 개체성이 사라져 버려서 더 이상 밖에서 주어지는 간섭이나 의식 안에서 주어지는 간섭에 꺼둘리지 않는다는 것이다.

....

*적연부동(寂然不動):외부에 아무런 동요없이 고요하다.
*구경열반(究竟涅槃):모든 번뇌를 완전히 소멸시키고 최상의 깨달음을 얻은 경지.

죽음이란 물질화의 습관에서 벗어나는 것

의식의 활동이 멈춘 상태에서는 더 이상 욕망(집착)이 자신을 뜨겁게 달구지 못한다. 그러므로 죽음이란 시간·공간의 개념이 사라진 것으로 물질의 소멸을 의미한다. 육체란 물질이 한 줌의 재가 되어 허공가운데 흩어져 버린 뒤 평소에 알고 있던 자신은 그 어디에서도 찾을 수 없는 것이다.

그러나 마음이 만들어내는 메커니즘을 모르는 죽은 영혼(아뢰야식)은 집착이 습관화되어 있는 입장에서는 몹시 혼란스러울 것이다. 그래서 그 혼란으로부터 도망치기 위하여 습관화된 집착을 보일 것이다.

그 즉시 안이비설신의라는 육식(六識)의 영역 어느 한정된 지점에 자신의 모습을 만들어 내기위한 불안한 몸짓을 일으키게 된다.

집착은 우리의 의식을 분열 시키며 육체라는 병원 속에 가둬 버린다. 그리고 육체 위주로 모든 것을 이끌어간다. 이러한 습관은 육체를 버린 죽음을 맞이한 의식 상태에서도 이어져서 환각을 계속 만들어내게 된다.

자신은 그 어느 곳에도 머물러 있지 않는데도 불구하고 모든 것을 물질화 하는 습관성의 발로로 머무를 장소를 찾게 되니 또 다시 물질화의 길을 따라 육체라는 옷을 입기위해 여자의 자궁 속에 들어와 자신을 가둬버리는 것이다.

당신이 현재 집 안에 머문다고 가정해 보자 당신은 분명 집 안에 있다. 그러나 당신이 집 밖에 나와서 조금 전까지 머물던 집을 바라보고 있다하자 그러면 당신은 집 밖에 분명히 있다.

더 나아가서 당신이 머물던 그 집을 부숴버리고 큰 광장으로 만들었다고 하자 그러면 당신은 집 안에 있는가 아니면 집 밖에 있는가의 구분이 무의미해지게 된다.

당신은 분명 집 안에도 밖에도 없는 것이다. 당신의 의식은 집이라는 것에 집착이 가 있을 때는 집을 중심하여 안과 밖을 나누게 되어 있다. 그러나 그 기준점을 제거해 버리면 안과 밖은 나누어 지지 않는다.

당신의 의식이 전체적이 될 때에는 당신은 모든 곳에 있을 뿐 한정된 곳에는 존재하지 않는 것이다.

당신이 죽으면 영혼이 돌아갔다가 다시 윤회의 과정을 밟아서 인간으로 환생한다고 하는 것은 단지 의식이 분열되어 어느 특정한 것에 대한 집착에서 비롯된 망상인 것이다. 영혼은 하늘로 날아서 우주와 하나가 되고, 육체도 흩어져 우주와 하나가 되는 것이다.

몸과 마음이 개체성이 사라지고 오직 전체적으로 존재할 뿐이다. 부처님은 "개체인 나는 존재하지 않는다. 단지 전체적으로만 존재한다!" 라고 말씀하신다.

법당이란 부처님을 모셔놓은 공간을 말한다. 우주라는 커다란 공간을 축소하여 놓은 것이라 해도 된다. 그래서 법당은 물질화된 나와 우주가 하나로 소통하는 지점이기도 하다.

적어도 법당 안에서 진행되는 교육 프로그램들은 나라는 생각을 비우고 부처님이라는 한 지점을 통해서 자신이 전체가 되는 테크닉들로 짜여 있다.

‘내가 하늘 안에 하늘이 내 안에’ 들어와 ‘나’라는 ‘에고’가 녹아나는 방법들로 만들어져 있다. 자유로운 영혼을 가둔 육체가 부처님을 수용하는 법당이 될 때 당신은 물질화의 습관으로부터 구속된 상태에 머물러 있지 않게 된다. 당신은 어디에도 한정되어 있지 않는 부처라는 사실을 깨닫게 된다.

외로운 돌담길을 지나서

외롭다는 심리는 마음이 빈 순간에 일어나는 첫 느낌이다. 그때 우리는 습관적으로 무엇인가를 찾고 있는 자신을 발견하게 된다. 그것은 마음속에 초점을 두지 못하는 텅 빈 공간을 마주하고 있는 것이 불안하기 때문이다.

텔레비전을 켜든지 전화를 하든지 뭔가 잡다한 일을 만들어내어서 마음의 장난감을 가지고 놀다 싫증나면 버려두고 또 다른 장난감을 찾듯이 우리의 마음의 정체가 그러하다.

이는 아픈 사람이 불안한 마음을 잊기 위해서 혹은 몸의 고통에서 벗어나기 위해서 약을 찾는 것과 같은 것이다. 그러나 이윽고 우리는 그 약에 중독되어 세월과 더불어 심신이 지쳐가게 되고 마침내 죽음의 문턱에 이르게 된다.

죽음이란 이 세상에 태어난 인간에게 주어진 마지막 자신을 발견할 수 있게 하는 신의 축복과 같다. 꿈속에서 온갖 기와집을 짓고 부수고를 반복하며 희로애락의 헛꿈에서 벗어나게 하는 마지막 순간이 죽음이다.

그러나 마음의 메커니즘을 모르는 사람은 이 마지막 기회조차 활용치 못하고 평소의 습관대로 죽음의 기회마저 분탕질을 하면서 저승으로 떠나가게 되는 것이다.

평소 우리는 살아 있는 동안 사실은 자신을 잃고 마음이 분열되어 죽어 있었던 것이다. 마치 장인의 손에서 떠난 도자기가 바닥에 떨어져 금이 가고 조각조각 깨어져 버린 것과 같다. 우리 인생은 마치 꿈속에서 꿈을 꾸듯, 의식을 잃어버린 사람이 잠꼬대를 해대듯 그렇게 살아왔다.

외롭다고 느낄 때 마음이 초점을 잃고 불안해 안절부절 못할 때 잠시 그 마음을 지켜보라! 그러한 지켜보는 태도를 '관세음보살'이라고 하는 것이다. 마음에서 일어나는 온갖 소리 뿐 아니라 모든 움직임을 주시하는 태도가 필요하다.

그리고 마음에서 일어나는 온갖 것들을 버리려고 내 자신과 분리해 내려고 하지 말아야 한다. 그냥 보는 대로 들리는 대로 느끼는 대로 그대로 놔 두어라. 마치 객지에 나간 자식들이 명절을 지내고 고향집을 떠나갈 때 자식을 보내는 그 어미가 떠나가는 자식들이 보이지 않을 때까지 지켜보는 마음과 같다. 그래서 수행은 어머니가 자식을 바라보는 마음이며, 자식에게 부모의 모든 것을 쏟아 내는 자기희생이기도 하다.

기도자는 반드시 외로운 순간을 맞이하여야 하며 그 순간으로부터 도망치려고 이것저것 문젯거리를 찾아서 쫓아가면 안 된다. 외로움을 벗 삼아 깊은 의식의 바닷속으로 여행하는 것이 기도인 것이다.

당신은 지금 외롭다고 생각하는가? 그렇다면 혼잣말로 중얼거려보라. '관세음보살' 또는 '지장보살'이나 '옴 마니 반메홈…'

부처님의 마음은 초점이 없다. 그러므로 초점을 잃었다고 불안해하지 말기 바란다. 그 마음이 바로 부처님의 마음이기 때문이다. 당신은 단지 그러한 마음을 지켜보기만 하면 된다.

외롭지 않은 사람이 어떻게 부처님을 부르고 찾을 수 있겠는가? 부처님은 외로움의 한 중심에 침묵으로 앉아서 자신을 찾는 사람을 기다리고 계신다. 부처님과 만나는 장소에서는 어떠한 말이나, 손짓, 발짓, 가진 것이 많고 적고, 잘나고 못나고가 필요 없으며 오직 침묵만이 필요한 것이다. 기도는 침묵으로 들어가는 문이다.

그러므로 '생각' 하는 사람은 부
처님 곧 자신의 참 모습과 만
날 수 없다. 오직 '침묵' 하는 자
라야 가능하다. '나는 생각 한다
그러므로 나는 존재 한다' 가 아니라 '나는 침묵한다. 그러므로
나는 편재(遍在)한다.' 가 되어야 한다.

의상대사의 법성게(法性偈)

"一中一切多中一, 一卽一切多卽一, 一微塵中含十方,
一切塵中亦如是, 無量遠劫卽一念, 一念卽是無量劫…"

하나가운데 모두 있고,

모두 가운데 하나있어,

하나가 곧 전체이고,

전체가 곧 하나이니,

한 티끌 작은 속에 세계를 머금었고,

낱낱의 티끌마다 우주가 다들었네,

한없는 긴 시간이 한 생각 일념이고,

찰나의 한 생각이 무량한 긴 겁이니…

비어 깨끗한 마음이 부처

태풍이 모든 것을 쓸고 지나가도
태풍의 중심점은 비어 있고,
범종소리 천리까지 울려 퍼져도
그 속은 비어있다.
생사의 파도가 요동쳐도
그 중심은 고요하고 한가로워
오고가는 인생사에 상관을 하지 않는다.

우주의 중심과 인간 마음의 중심점은
한 꼭지에 해당하니
고개를 들어 비추어보면
사람의 중심이 천지와 하나로 통해 있고
천지와 내가
몸과 마음이 하나인 것을 알 수 있다.

어제의 내가 오늘의 나이며
또한 내일의 내가 되듯이
시간과 공간이 하나로서 영원을 꿰뚫어 있다.
대인과 범부가 따로 없고
천국과 지옥이 따로 없으며
삶과 죽음 또한 나눌 것이 없다.

아제 아제 바라아제 바라승아제 모지사바하!

위의 주문은 반야심경의 마지막 부분을 장식하는 내용이다.

이를 번뇌와 망상을 떨쳐내고 텅 빈 본심으로 돌아가는 마음 수련 차원에서 해석 한다면 '버려라 버려라 또 버려라 버렸다는 마음까지 버려라 바로 그 자리!' 로 이해할 수 있다.

이 내용을 부처님께서 말씀하신 사례 한 토막을 통해서 확인해 보고자 한다.

부처님 생존 당시 바라문 중에 수행을 통해서 신통력을 부리는 '흑씨' 라는 사람이 있었다. 하루는 그가 부처님께 꽃 공양을 올리기 위하여 신통을 일으켜서 꽃 두 송이를 좌우 손에 쥐고 부처님께 다가갔다.

그 때 부처님께서 조용한 음성으로 수행자에게 말씀하셨다.

"선인아!"

"예, 부처님!"

"버려라!"

수행자가 왼손에 든 꽃송이를 버리자 부처님은 다시 말씀하셨다.

"선인아! 버려라!"

이번에는 오른손에 든 꽃송이를 버렸다.

그러자 부처님은 다시 말씀하셨다.

"선인아! 버려라!"

"부처님! 저의 두 손은 이미 비었습니다. 다시 무엇을 버리라 하시는지요?"

"나는 너에게 그 꽃을 버리라고 한 것이 아니다. 너의 마음에 가득 차 있는 번뇌, 망상을 한순간에 버려서 더 이상 버릴 것이 없게 될 때 삶과 죽음을 벗어나게 되느니라."

수행자는 부처님의 말씀이 끝나자마자 큰 깨달음을 얻을 수 있었다. '버려라' 라는 이 한 마디에 모든 번뇌와 망상이 떨쳐지고 텅 빈 자성으로 돌아가는 계기가 생긴 것이다.

운주사 범종

운명이란!

돌고 도는 순환의 패턴으로 만들어진다.
자연은 춘하추동하고
하루는 아침낮저녁밤하고
인생은 생로병사하며 순환한다.

해와 달도 돈다.
극소무한대한 원자의 세계나
극대무한대한 천체도 돈다.
이 모든 현상의 저변에는 순환의 패턴이 자리하고,
우리 앞에 보이는 모든 움직임은
허공이라는 무대안에서
일어났다 사라지는 뜬 구름에 불과한 것이다.

버리고
또 버린 자만이
운명(윤회)의 사슬에서 벗어나서
영원한 자유인이 된다.

나의 영원한 사랑, 샹그릴라여!

샹그릴라는 티벳의 말로 '내 마음속의 해와 달'이라는 뜻이다. 사서(四書)중의 하나인 '대학'에서는 이를 명덕(明德)이라고 표현하고 있다.

"대학지도(大學之道) 재명명덕(在明明德) 재신민(在新民) 재지어지선(在止於至善)" 큰 배움의 길은 밝은 덕을 밝히는 데 있으며, 백성을 새롭게 함에 있으며, 지극히 선한 데 머무르게 하는 데 있다. 라고 하고 있다.

불가적으로 표현하면 천지를 밝게 비추이는 해는 관세음보살이요 달은 지장보살이라 할 수 있다. 세상만물과 인간 세상의 움직임 하나하나를 밝게 비추어 드러내는 것이 태양이요, 이는 인간본성에서는 관세음(觀世音)이라 할 수 있다.

만물활동이나 인간의 사회적 활동에서 오는 스트레스를 해소하고 피로를 풀어내며 내일의 활동에 필요한 에너지를 재충전하는 것은 자연에서는 밤의 에너지인 달이요 인간본성에서는 지장보살(地藏菩薩)이라 할 것이다. 천지에는 음양을 대표하는 해와 달이 있다면 인간에게는 해와 달의 에너지가 합쳐진 밝은 성품(明德)이 있는 것이다. 인간의 이러한 밝은 성품은 천지를 밝히는 해와 달과 통하는 것이니 사람의 근본이 천지와 하나인 것이다.

큰 배움의 길에 들어선 군자는 천지만물과 인간을 전체성적 입장에서 하나로 바라보고 통합의 길을 추구하는 것이요 소인은 개별적인 상을 좇아 서로 다른 분열의 길을 고집하는 것이다.

어느 학승이 파릉(巴陵)스님께 여래선과 조사선의 차이점을 물었다. 이에 "닭은 추우면 나무위에 올라가고, 오리는 추우면 물속으로 들어간다"라고 대답하시었다.

공부자의 근기나 적성에 따라서 공부방법이 다를 수 있는 것이다. 한 가지 방식만 좇아야 한다면 그것은 아집(我執)을 넘어서 법집(法執)이 된다. 불교는 그러한 분열적 태도를 버리고 통합적 태도를 강조한다.

십 년 공부 도루아미타불

공자의 제자 중에 원헌이라고 있었다. 쑥대를 짜서 문을 만들어 살 정도로 청빈낙도를 즐기며 살았다.

어느 날 출세한 자공이 거마를 타고 원헌을 찾아와서 보고는 원헌이 병이 들었는가 하는 걱정 어린 질문을 하니 이에 원헌이 대답하기를 "재물이 없는 것을 가난이라고 하고, 배운 것을 실천하지 못하는 걸 병이라고 한다네 지금의 나는 가난한 것이지 병에 걸린 것이 아니라네." 라고 하였다.

일상의 책무가 없고 자신이 소속된 공동체에 기여해야할 책임으로부터 자유로운 수행과정에 있는 자라면 모를까 물질이 없는 것이 마치 가치 있는 삶이라는 오해를 가져서는 안 될 것이다. 옛 도인은 "無物이면 不成이다" 라고 하였다. 물질이 없으면 성공할 수 없다는 이야기이다.

자신이 몸담고 있는 세상을 관리하고 살아가려면 그 기초가 되는 것이 물질인 것이다. 이 물질을 포기하고 사는 것이 물질로

부터 자유로운 사람이라고 할 수 없다.

"십 년 공부 도루아미타불" 이라는 말이 있다. 자기만의 세계에 있을 때의 공부의 공력이 세속사에 들어와서 하루아침에 다 날아가 버린다는 뜻이다.

진짜공부는 홀로서 하는 것이 아니라 대중속에 호흡하며 물질의 경영을 하면서도 물질의 안락에 젖어들고 큰 권력을 얻었지만 권력을 사용하여 위세를 부리는 것으로 부터 초연한 사람인 것이다.

보석은 홀로 있으나 돌멩이들과 섞여있으나 언제나 보석인 것이다. 그러므로 도인의 모습을 청빈낙도하며 한가로이 지내는 사람으로만 생각해서는 안 된다. 진정한 도인은 자신에게 주어지는 가치를 이웃에 돌리며 세속의 가치에 연연하지 않는 초연한 모습으로 봉사와 헌신하는 사람으로서 대중 속에 살아있는 것이다. 그래서 불교에서는 위로는 깨달음을 추구하고 아래로는 이웃에게 봉사하는 사람을 중시한다. 그 이름을 '보살' 이라 하는 것이다.

이 순간에 살아 있으라!

어느 불자가 스님께 묻기를
"스님! 도를 닦는데 어떤 노력이 필요합니까?"
"배고프면 밥 먹고 졸리면 자거라"
"그것은 누구나 하는 것이잖아요?"
"아니다. 아무나 그렇게 하지 않고 있다. 사람들은 먹을 때 온 갖 생각을 떠올리며 잠잘 때 역시나 온갖 상념들을 떠 올린다."

사람은 방금 지나간 그림자를 떨치지 못하고 온갖 기와집을 지었다 부셨다를 반복하며 한 평생을 살아간다. 바로 이 순간에 살고 있는 듯해도 생각은 시계추처럼 지나간 시간과 다가올 시간 사이를 오가고 있을 뿐이다.

수행은 바로 과거와 미래로 옮겨가려는 생각을 현재 이 순간에 묶어두려는 생포작전이다. 그러므로 모든 일상의 일들이 마음집중과 함께 하면 그것이 바로 수행의 방법이 된다. 지금 현재를 붙들고 늘어지라!

눈은 마음의 창

'눈은 마음의 창'이라는 말이 있다. 그런가 하면 '사랑은 눈으로 눈으로 말해요.'라는 유행가 가사가 있다. 눈이란 세상을 밝히는 빛인 것이다.

자연을 보면 낮은 태양빛이 인도하고 밤은 달빛이 인도한다. 만약에 해와 달이 없다면 세상은 암흑천지가 되고 말 것이다. 생명체의 발생, 발전은 있을 수가 없게 되니 흑암 상태라고 할 것이다.

그래서 신은 인간에게 해와 달에 해당하는 두 눈 빛을 주셨다. 인간은 자연의 빛인 해와 달과 같은 두 눈을 통해서 문화와 문명을 일으키며 첨단세상을 개척해 나가게 된 것이다.

자연의 빛을 돋보기에 집중시키면 엄청난 에너지와 열기가 발생하게 된다. 마찬가지로 인간의 눈빛을 자신의 내면의 여행을 위한 에너지로 활용하면 의식과 무의식이라는 험난한 사바세계를 건너서 평화와 안락으로 상징된 '극락정토'로 입성하게 된다.

세상의 온갖 사물을 따라 이동하면서 활용되는 '빛' 을 한 곳에 고정시켜서 바라보면 외부와 일체감을 갖고 움직이던 마음이 사실은 '나' 와 별개인 것을 알게 된다. 심지어 생각하는 것도 '나' 와 별개인 것이다. 나는 본래부터 움직임이 없는 성질(舊來不動名爲佛)이며 대상은 끝없이 움직이는 가변적인 것으로 실체가 없는 것이다.

오늘 가정생활에 갈등 많은 한 쌍의 부부를 만나게 되었다. 난 그들에게 10초 동안 서로의 눈을 쳐다보는 명상법을 소개해 드렸다. 서로의 눈을 쳐다보다보면 많은 것을 읽어낼 수 있다. 평소 지나쳤던 상대속의 힘든 부분과 아픔들이 마음속 이 방 저 방에 쌓여서 관계를 꼬이게 하는 것을 알 수 있다.

자신을 의지하며 살아가면서 자신의 언행 때문에 상대의 마음이 상처받아 어떻게 꼬여가고 있는지를 알게 된다. 단지 그것을 읽어보는 것으로도 서로의 관계를 좋게 이끌어 갈 수 있는 힘을 얻게 될 것이다.

불상이나 탱화를 조성해 놓고 '점안식' 이라 하여 '눈에 점' 을 찍는 의식이 있다. 불상의 재질은 물질로 되어 있으나 점안식을 통해서 비물질로 승화되며 부처님의 상서로운 기운이 서리게 되어 영험한 신물(神物)로 재탄생 되는 것이다.

사랑하는 사이에 서로 눈을 쳐다보는 둘 만의 의식을 정해 놓고 해 보라! 이 전의 모습이 아닌 새로운 모습을 발견하게 될 것이며 그 속에서 서로의 사랑을 확인할 수 있을 것이다.

변하지 않는 모습에 식상하여 꼴보기 싫던 그 사람이 이제는 변하지 않는 그 모습을 보이더라도 질리지 않을 것이다. 상대의 참모습은 물질이 아닌 비물질인 부동한 성질(不動佛)이라는 사실을 이제 그의 눈을 통해서 알게 될 것이다.

눈을 통해서 마음의 중심에 이를 수 있다. 당신은 하루 10초를 투자하는 것으로 많은 변화를 체험하게 될 것이다. 매일 실천한다면 당신은 매일 상대의 눈을 통해서 마음의 중심을 드나들 수 있을 것이다. 당신만의 비밀한 정원에 들어가서 휴식하며 삶의 에너지를 충전할 수 있을 것이다.

그것은 '새로움'이며 기적을 낳을 것이다. 그리고 상대의 눈을 통해서 당신의 중심에 드나드는 훈련에 힘이 붙으면 이때는 꼭 상대의 눈을 통하지 않더라도 당신 주변의 모든 것이 당신에게 활력을 주는 파트너들이 될 수 있다.

나아가서는 한 송이 꽃, 밤하늘에 반짝이는 별, 망망한 바다 위의 수평선, 첩첩한 산의 능선 등 모두가 방편이 될 수 있다. 천주교인은 성모상, 불교도는 불상, 원불교인은 일원상, 개신교인은 예수상등을 사용하여 당신 마음의 중심으로 들어갈 수 있다.

그리고 그 중심에서 나올 때는 처음 들어갈 때의 천주교인, 불교인, 원불교인, 개신교인이라는 딱지는 붙어 있지 않게 된다. 들어가는 문은 인연 따라서 각각이었지만 나오는 문은 인연을 초월한 하나이기 때문이다.

이를 부부에 적용하면 상대의 눈이 들어가는 출입문이었지만 자신의 중심에 이르러서 다시 돌아나 올 때는 자신의 문으로 나오게 된다는 것이다. 그래서 부부는 일심동체(一心同體)로 다시 태어나는 것이다.

관계와 소통에 대하여

'대접받고자 하는 대로 대접하고 본인이 원치 않는 것을 상대에게 요구하지 말라'

'콩을 원하면 콩을 심고, 팥을 원하거든 팥을 심어라' 이것이 관계와 소통의 원칙이다.

당신이 주변으로부터 관심을 받고 지지를 받으려면 먼저 그들에게 당신이 받고자 하는 대로 대접을 해 보라. 그러나 당신이 노예처럼 취급받으며 버려진 사람처럼 취급받고 싶다면 먼저 당신이 주변 사람들에게 그렇게 행동하면 되는 것이다.

위대한 정치인이나 기업인이 되고 싶고 가정 안에서 존경받는 남편과 아내가 되고 싶다면 당신이 먼저 상대를 예우로써 대하면 되는 것이다.

혹시 당신이 신의 은총이나 불보살님의 보살핌을 받고 싶다면 그분들의 마음을 얻으면 되는 것이다. 그분들의 마음의 본질은 사랑이다. 사랑은 개체성이 사라지고 전체적인 마음인 대자대비

심인 것이다.

이 마음은 '이웃이 곧 자신의 몸' 으로 여겨지는 통합의 정신
이며 모든 대상을 거부하지 않고 수용하는 태도이다.

지금부터 이 세상에서 당신이 이루고자 하는 모습대로 주변
사람을 대하기 시작해 보라. 놀라운 변화들을 확인할 수 있을
것이다. 당신은 '심는 대로 거둔다' 는 운명의 이치를 깨닫게 될
것이다.

당신은 누구의 門인가요?

세상에 널려있는
모든 것이 '門' 이다.
부처님이 드신 한 송이 연꽃,
용담선사가 내민 한 자루 촛불,
덕산선사가 휘두른 방망이,
임제선사의 고함소리,
구지선사의 손가락 하나는
개체성을 소멸시키고
전체적이 되게 하는
방편으로 사용한 것이다.
지금 당신 옆에 있는
부모, 남편, 아내, 자식, 애인,
꽃, 별, 구름, 바람, 물 등이
당신을 행복으로 인도하는 문 이다.

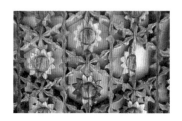

성모마리아를 닮은 관세음보살상
-길상사-

관세음보살이란

대승불교에서 거론되는 존재로 관세음보살이 있다. 이 분을 찾으면 인간의 고통을 해소해주고 험난한 지경에 빠졌어도 즉시 나타나서 구제해 주신다는 대 보살이다.

관세음보살님의 대원력의 에너지가 우주 가운데 충만하기 때문에 가능한 이야기이다. 그렇다면 불가사의한 이러한 일들이 어떻게 가능한 것인가 궁금해 하는 사람들이 있을 것이다. 이해를 돕기 위해 '참 나'에 대한 소개를 해 볼까 한다.

먼저 '관세음' 뜻을 살펴보기로 한다. '본다(觀)+세상+움직임(소리)'으로 세상사 움직임 곧 변화를 읽어내는 인식하는 주체로서 뭐라고 이름 지을 수 없는 즉 변화하지 않는 존재이다.

정신의 응집현상이 물질이라는 정신과학의 이론은 곧 생각의 에너지가 물질이라는 형태를 갖추게 된 것이라는 것이다. 정신이든 물질이든 몸이든 생각이든 모두 변화하는 대상에 해당하며 이는 실재하지 않는 인연의 화합물일 뿐이다.

그러나 이러한 인식의 대상들의 변화에 상관없이 이 변화를 비추어보는 실체가 있으니 그것이 바로 인식하는 주체 곧 '관세음'이라고 하는 것이다. 수행이란 바로 이 인식하는 주체를 자각하는 것에 목적이 있다.

자각은 변화하는 대상에 자신을 동일시하는 착각에서 벗어나서 초연(超:초월, 然:변화)한 태도를 지속하는 것으로 가능한 것이다. 의상대사의 법성게는 이를 구래부동명위불(舊來不動名爲佛)이라 하여 예로부터 움직임이 없는 이름 하여 부처라고 하고 있다.

한두 번 해서는 좌부동(坐不動)할 수 없으니 하고 또 하고 계속하다보면 습관력(수행력)이 생겨서 쉽게 집중이 이뤄지게 될 것이다. 그리고 '움직임'을 비추어보게 되는 시기를 만나게 된다.

> 멈춰라!
> 그러면 보인다.
> 그것이 바로 관세음이다.
> 모든 이를 멈추도록 도와주라!
> 그것이 바로 보살이다.

창조의 원천은 당신에게 있다

창조의 문은 자신 안에 있으니 뜻을 두고 나아가는 일에는 반드시 성공의 문이 자기 자신 속에서 열린다.

마음의 소리에 귀 기울여 보자. 그 소리를 따라 가노라면 길이 나 있음을 알게 된다. 처음에는 하나의 작은 오솔길이지만 이윽고 커다란 대로를 만나게 된다. 마치 한 줄기 시냇물이 흐르다 보면 수많은 시냇물과 만나 더 넓은 강이 되고 마침내 바다에 이르듯이 말이다.

바다는 일체를 품고 있는 것으로, 하늘로는 허공을 말한다. 허공이란 들어가고 나가고 할 문이 없듯이 큰 가르침이란 별달리 드나드는 문을 세울 것이 없다는 것으로 이를 대도무문(大道無門)이라고 하였던 것이다. 그러므로 작은 것, 작은 일이라도 소홀히 다루어선 안 된다.

> 우리 모두는 자기 안에 하늘 허공을
> 드나들 수 있는 하나의 문을 가지고 있다.
> 그것은 세상만물을 창조한 힘의 원천이기도 하다.

허 공

잠시 망상 일으켜,
몸으로 나타나니 이생이요.
홀연히 사라지니 저승이로다!
어찌하여 영겁의 세월동안
오고가는 고생을 반복만 한 채,
고통의 쇠사슬을 벗어나지 못하였던가?

하나의 티끌 속에
삼천대천세계의 소식이 있으니,
오직 마음을 허공처럼 비운자만이,
한 점의 티끌속에 들어있는
허공일구래(虛空一句來)의 소식을 깨닫는다.

행복은 이미 우리에게 주어진 신의 선물이다

행복은 흐르는 시간 어느 지점에서 만나는 것이 아니다. 그것은 즉각적으로 느끼는 것이다. 없는 것을 만들어 성취하는 것이 아니라 이미 주어져 있는 것을 깨닫는 것으로 족하다.

그러므로 행복해지는 것은 쉬운 일이고 도리어 불행해 지는 것이 어려운 일인데 우리의 현실은 그렇지가 않으니 참으로 수수께끼 같은 일이 아닐 수 없다. 행복을 느끼는 방법은 마음을 비우는데 있다.

소유하려는 마음을 잠시 멈춤으로써 누릴 수 있는 행복은 나눔을 이웃에게 실천하는 행동으로 나타나게 되는데 그것은 자기에게 이미 주어진 삶에 대한 감사함, 기쁜 마음으로부터 비롯된 것이다. 샘물은 퍼낼수록 아래로부터 맑은 물이 펑펑 쏟아져 올라온다.

축복을 받으려면 먼저 상대에게 축복을 베풀어라 그것이 자연의 이치이다. 그러므로 지금 주변에서 많은 것을 누리고 사는 사람들은 이미 그들이 자신을 비운 그 자리에 이웃을 수도 없이 품어 본 사람들이라고 할 것이다.

때때로 침묵하라!

부처는 '행복'이란 단어로 바꿔서 사용해도 된다. 의사표현 수단으로 사용되는 문자나 언어를 사용치 않는 침묵이란 사고 활동의 중지를 말한다.

세상만사가 변화하듯 인간의 의식이나 감정도 변화한다. 그러나 이 때 변화하는 마음의 움직임을 중지시켜서 외부의 움직임과 내부의식의 움직임을 멈춘다면 자신에게 놀라운 사실이 일어나게 된다. 움직임은 작은 변화의 결과만이 주어지는데 비하여 움직임이 멈추면 부분이 전체로 합류되어 들어오게 된다. 마치 많은 물의 흐름을 댐을 세워서 가두면 거대한 호수가 되듯이 말이다.

내가 행복을 찾아가서 내 것을 만들어 내는 것이 아니라 마음의 움직임을 멈춘 것으로 해서 행복이 스스로 드러나게 되는 것이다. 일상을 살면서 때로는 말하지 말고 침묵하여 보는 것도 좋다. 그러면 평소에 보지 못하고 듣지 못하고 느끼지 못한 많은 사실들을 발견할 수 있을 것이다. 아주 선명하게 자신 앞에 진짜 모습(眞面目)을 드러내게 될 것이다.

행복은 잡으려는 순간 파랑새처럼 날아간다

행복이란 일기변화처럼 오늘은 맑다가 내일은 흐리고 모레는 세차게 바람 부는 그런 것이 아니다. 외부조건이나 내부조건에 따라서 변동하는 것이 아닌 것이다.

행복이란 내 마음의 진실된 본 모습이다. 생각이나 감정에 따라서 바뀌는 것이 아닌 것이다. 누군가로 부터 '당신은 행복하십니까?' 라는 질문을 받는다면 당신은 순간 머뭇거리며 대답거리를 찾게 될 것이다. 그러나 그런 주저함 속에서 찾아진 대답은 답이랄 수 없다.

행복은 살아 있는 그 자체로 현존하는 것이다. 신이나 부처님이 기분 따라서 존재하거나 존재하지 않거나 하는 것은 아니다. 만약 그렇다면 그건 신이라고 알고 있는 기억속의 지식이나 맹목적인 믿음일 뿐이다.

대상으로서의 신이나 부처님이 존재하지 않듯이 행복 또한 그 자체로 존재하는 것이다. 그러므로 구해서 찾아질 수 있는 대상이 아닌 것이다. 이것은 아주 중요한 사실이다. 신과 부처님은 곧 행복이며 대상이 아닌 절대이며 생각이 끊어진 자리이다.

이것은 자체발광을 하는 물체처럼 스스로 빛을 발산하고 있는 것이다. 단지 일정하지 않는 날씨처럼 우리의 의식이나 감정에 기복이 일어나면서 절대의 행복을 놓쳐버리고 불행한 심리 상태로 떠밀려가고 있기 때문이다.

당신은 행복 그 자체란 사실을 알아야 한다. 행복을 기억 속에서 찾으려고 하지 말라! 찾으려는 마음을 멈추면 바로 느낄 수 있는 것이다. 오늘도 세상은 온갖 불협화음을 내며 서로 치고받고를 반복만 하고 있다.

지식이든 돈이든 권력이든 만족할 줄을 모르는 마음은 불행하다. 그래서 만나는 상대마저 불행하게 만드니 불행은 돌림병처럼 번지게 되는 것이다. 자족(自足)을 모른 채 경쟁에 내 몰린 현대인은 가장 불행한 사람들이다.

자연의 도!

문호 이고(李翱)가 약산(藥山)스님께
"무엇이 도입니까?"라고 물으니
"구름은 푸른 하늘에 있고,
물은 물병 속에 있도다" 라고 대답하신다.

구름은 하늘이 있어 잠시 노니는 것이요, 물은 물병이 있어
한가로이 머무는 것이니 이것이 자연의 모습이다.

탁 트인 자연을 화폭삼아 생명력을 쏟아 부어서 자신이 원하
는 바를 그려낼 수 있는 그 자체만으로 인간은 위대하며 행복한
것이다. 단지 인연 따라서 대응하며 자신을 표현해 낼 뿐이다.

대자대비심(사랑)은 행복 그 자체

당신은 사랑해 본 적이 있을 것이다. 사랑하는 그 마음에는 창조의 에너지가 충만하게 된다. 이것은 세상과 만물을 존재하게 하는 생명력, 건강을 잃은 사람에게는 자연치유력, 연구와 개발을 하는 사람에게는 신개발의 원천, 종교신앙인은 신불(神佛)의 은총이나 가피력이 된다.

수행자에게는 생사를 초월할 수 있는 도력이 되는 것이다. 이 신비한 에너지는 그 무엇인가를 사랑하고 있을 때 움직이게 된다. 그것이 종교신앙의 대상인 신불(神佛)이든 이성간의 감정이든 자연물 가운데 별, 꽃, 새소리, 석양의 노을, 바다 등 그 무엇이든지 사랑의 대상이 될 수가 있는 것이다.

간혹 텔레비전을 시청하다 보면 말기암이나 불치병으로 시한부 선고를 받은 분들이 특이한 음식이나 약초 또는 기도를 통해서 명을 이어가거나 안전히 치유를 받은 경우들을 보았을 것이다.

그러나 알아야 할 사항이 있다. 그들은 그들의 방식에 목숨을 걸고 목숨을 살리기 위한 의지를 불태우고 있다는 사실이다. 어떠한 음식, 약초, 신불에게 목숨을 구제하는 힘이 있기 이전에 목숨을 걸고 목숨을 살리겠다는 그의 간절한 믿음의 힘이 그를 살린 것이다.

예수님은 어느 날 "너의 믿음이 널 구원했느니라" 라고 말씀하고 계신다. 바로 창조의 힘을 움직이게 하는 원동력은 예수님이 만들어 주셨지만 창조의 힘이 일어나게 한 장본인은 바로 자기 자신이다.

인간의 믿음이 생명력을 샘솟게 하는 것이다. 육신의 죽음이든 영혼의 죽음이든 생명력을 발동시켜서 새롭게 하려면 간절함 곧 사랑이 있어야 한다.

사랑은 목숨이요, 목숨은 믿음인 것이다. 믿음을 갖고 사는 사람, 사랑을 하고 사는 사람, 또는 진리를 수행하는 사람은 매일 매일이 새로운 날이며 순간순간이 좋은 시간이다.

> 해마다 좋은 해이며,
> 달마다 좋은 달이며,
> 날마다 좋은 날이다.

만약 당신 안에 사랑하는 대상이 없다면 당신의 삶은 무기력하고 무의미한 것이다. 그것은 당신에게 허락된 시간을 헛되이 낭비하고 있다고 할 수 있다. 사랑을 통해서 세대가 이어지고 문화문명이 번창하며 영혼의 각성(깨달음)이 일어나게 된다.

사랑은
무한대한 에너지며,
포용력이며,
지혜이다.

육체적으로 섹스이며,
정신적으로 창조성이며,
본질적으로 깨달음이 된다.

창조성을 기르려면 사랑을 하라!
깨달음을 얻고자 하면
사랑을 하라!

니르바나의 종소리

깨달은 스님들이 육체를 벗어나기 직전에 관세음(觀世音)의 소리(진리의 말씀)를 한 구절 읊어내는 것을 열반송 이라고 말한다.

열반이란 불교수행의 최고 목적지로서 대상에 끌려 다니는 번뇌, 망상의 휘둘림으로부터 벗어나 일상생활과 사고활동을 걸림 없이 하는 상태인 것이다.

이는 대중의 이익과 행복을 위해 자신의 소유를 나누는 보시의 실천으로 나타나게 된다. 혹세무민하는 타락한 일부 종교인들의 자기 합리화로서의 막행막식하는 '걸림없는 행동' 이 아닌 것이다.

그것은 자기 욕망을 충족하기 위하여 깨달음의 말씀을 도둑질한 강도와 다를 바 없다. 진리의 자유함을 체득하지 못하고 의문의 글자에 꺼둘리고, 종교의식에 집착한 사람은 '죽은 사람' 이라고 할 수 있다. 그러한 사람이 육신의 죽음을 맞이하게 되면 그는 육신의 죽음이 찾아올 때까지 '변화' 라는 흐름을 벗어나지 못하였으니 니르바나(열반)의 종소리를 울리지 못하고 저승으로 옮겨가게 되는 것이다.

문자에 집착하고 종교의식에 꺼둘리는 사람들이 일상생활 속에서 진리의 자유를 실천하여 자신의 마음속 평화, 행복함을 이웃과 나누며 공동체의 화합과 복리증진을 위해서 힘써 노력하고 살 수 있을 것인지 한 번 생각해 볼 일이다.

마음으로부터 대상에 대한 집착이 떨어진 사람은 사고활동이나 일상생활이라는 물질적인 것에 걸림(집착)이 없게 된다. 경전의 말씀은 하나의 특정 상황아래에서의 교훈을 주기 위한 가르침에 불과한 것으로 그것이 진리 자체는 아니다.

그러므로 경전 문구 하나하나에 집착할 필요가 없는 것이다. 진리를 가지고 시시비비를 따지며 우월감을 드러낸다는 자체가 '사랑의 말씀'을 받아들이지 않고 '의문의 율법'에 집착한 맹신이다.

> 법사는 경전을 해설하고,
> 율사는 계율을 지키길 강조하지만,
> 선사는 말로 표현한다 해도 부질없음을 안다.
> 그러므로 선사는
> 법회에서 주장자를 세 번 내리친다든지, 침묵하고 있다가 아무 말 없이 법단을 내려온다든지 하는 것으로 법문을 대신하는 무언의 설법을 하곤 한다.

탄 현(呑玄)

기도자가 염불 한 구절에
마음이 멈추게 되면
더 이상 온갖 생각들에 간섭을 받지 않게 된다.
대상을 좇아 마음이 이리저리 움직일 때에
생각이란 존재하는 것이다.
마음이 염불 한 구절에 집중되는 순간,
모든 잡다한 생각은 사라져 버린다.

한 구절 속에 마음이 몰입되면
우주 또한 한 구절 속에 빨려 들어오게 된다.
나와 우주가
한 구절 속으로 통하게 되는 이치이다.
마음이 텅 빈 허공이 되어
일체가 빨려 들어와 사라지니
허공일구래(虛空一句來)의 진실이 이것이다.

흐르는 물은 이윽고
바다가 되어 출렁거린다

지장보살(또는 관세음보살이나 진언 등)이라는 명호를 부르면 처음 부를 때의 지장보살과 두 번째 부를 때의 지장보살 그리고 세 번째 부르는 지장보살이 연속성을 갖고 이어져 나가게 되면 나중에는 백 번 천 번 부르는 지장보살 사이에는 어떠한 틈도 생기지 않게 된다.

틈이 없으며 마음의 바람은 일어나지 못한다. 바람이 불면 물체가 흔들거리지만 바람이 일어나지 않으면 물체가 흔들거릴 일이 없다. 인간의 마음은 한 군데 정착하지 못하고 하나에서 또 다른 하나로 움직여 나가는 특성이 있다.

그것은 자연의 운동성이기도 하다. 운동은 변화요, 변화는 시간과 장소를 이동하면서 이루어진다. 인간의식도 이와 같이 흐르게 된다. 그러나 하나의 사물을 정하여 의식을 집중하는 훈련을 하게 되면 변화하려는 성질이 멈추게 된다.

흐르는 물이 길이 막히게 되면 새로운 길을 찾아 흐르게 되듯이 인간 의식도 이동성이 차단되면 진행방향을 바꿔서 흐르게 되는 것이다. 마치 마라톤의 반환점을 돌아 그 출발지점으로 옮겨 가는 것과 같다.

그리고 마침내 의식의 자각이 일어나게 된다. 깨달음을 얻은 성자들의 일화를 보면 별이 많이 등장하게 된다. 대중의 사랑을 받고 연예인으로 인기를 누리는 사람들을 스타라고 한다.

군대의 최고지휘관들도 '스타'로 표현하기도 한다. 하늘에서 반짝이는 별처럼 존귀하고 위대하다는 의미일 것이다. 석가모니께서 새벽녘에 하늘에 떠 있는 밝은 별을 보고서 깨달음을 얻으셨다고 한다. 그리고 그 소식이 우주에 가득 차 있다고 표현하고 있다.

대중 가운데에서 부처님이 연꽃 한 송이를 들어 보이실 때 제자 가섭의 미소가 있었다면 밝은 별을 보고 미소 짓는 석가모니가 계셨다고 할 것이다.

제자 가섭이 연꽃 한 송이를 진리의 문으로 삼아 들어가서 우주의 소식을 들을 수 있었다면 석가모니께서는 밝은 별 하나를 진리의 문으로 삼아 들어서서 우주의 소식을 들을 수 있었다고 할 것이다.

자신을 깨닫는 데는 비단 연꽃 한 송이, 밝은 별만이 대상이 되는 것이 아니다. 푸른 하늘도 사랑하는 님의 눈빛도, 이름 없는 길거리의 풀 한 포기도 가능한 것이다. 종교적인 믿음을 가지고 계신 분은 '관세음보살' '지장보살' '할렐루야' '그리스도 성모마리아' 등을 대상으로 삼아 의식을 몰입하는 것도 깨달음의 방법이 될 수 있다.

의상대사의 법성게에 보면 하나의 먼지 속에도 우주가 들어 있다고 하였으니 먼지 하나도 자기를 깨닫게 인도하는 문이 되는 것이다. 보이는 것, 들리는 것, 생각되어지는 것 등 어느 것 하나도 귀하지 않음이 없다 할 것이다.

하물며 만물의 영장인 인간이 깨달음을 얻는 방편이 되는 것은 당연한 일인 것이다. 오늘부터라도 당신 가까이 있는 사람들을 주목하여 보라! 당신으로 하여금 진리를 알게 하고 자유를 얻게 하는 '門'이 될 수 있기 때문이다. 단지 당신은 지금껏 이를 모르고 사용하지 않았을 뿐이다.

그러나 지금부터라도 사용하려고 마음을 낸다면 상대는 단순한 사람이 아니라 고귀한 존재가 되게 된다. 지금껏 보와 왔던 그 사람이 아니라 오늘 새롭게 당신 앞에 나타난 깨달음의 문, 행복의 문이 되는 것이다.

> 하늘은 스스로를 비워 허공이 되고,
> 흐르는 물은 자신을 비워 마침내 바다에 이르고,
> 사람은 온갖 생각을 비워 부처가 된다.
> 지나친 욕심, 시기질투, 분별심을 놓아버리면
> 평안함과 즐거움이 항상 함께할 것이다.

하루하루가 좋은 날이다

부처님 말씀에 매년마다 좋은 해이며 달마다 좋은 달이며 날마다 좋은날이라고 하였다.

세상을 밝게 비추이는 주체적인 마음의 입장에서는 상대성으로부터 휘둘리지 않고 자유롭고 한가로운 존재이니 어느 시간이고 좋고 나쁘고 할 것이 없다.

단지 음양이라는 상대성 세상에서만이 인연의 만남과 헤어짐 속에 정사, 선악, 곡직이 있고 시시비비를 가리며 울고 웃고할 뿐이다. 사람들은 서로에게 인사하고 덕담을 건넬 때 "항상 행복하세요." "나날이 건강하세요." "짧은 하루의 시간이지만 행복한 시간 보내세요." 라고 한다.

문제는 현실이라는 상대성 세계에서는 덕담대로 살아질 수 없다는 사실에 있다. 이 말은 자연의 '변화' 하는 이치에 어긋난다. 어느 분은 얼마 안 있으면 23.5도 기울어진 지축이 바로서면 지구의 기후환경은 춥고 더운 겨울과 여름이 없어지고 봄과 가을 같은 기후가 일 년 내내 지속되는 시기가 찾아온다고 하며 병도 없고 고통도 없는 종교적인 이상세계가 이 땅에 실현된다고 하는 것이다.

자연은 성주괴공(成住壞空)하고 인생은 생로병사(生老病死)하는 것이 법칙이다. 이 중에 한 자라도 빠지면 생명체의 발생, 변화, 발전은 있을 수 없는 것이다. 그들이 주장하는 것은 단지 '완성'을 말하는데 그것은 자연 세상에 존재할 수 없는 것이다.

단지 '온전' 할 수는 있다 그것은 자연세상의 돌아가는 원리에 휘둘리지 않는 주체적인 마음을 회복하는 것으로 가능한 것이다.

어느 사람이 봄을 찾으러 온 산천을 쫓아다니다 찾지 못하고 지친 몸을 이끌고 집으로 돌아와 피곤한 몸을 마당에 있는 평상위에 눕히고 휴식을 취하는데 콩닥콩닥 가슴속에서 뛰는 심장박동 소리를 듣고서 비로소 자신이 찾던 봄소식을 만나게 되었다는 이야기가 있다.

'봄소식' 이란 눈 밖에 있는 것이 아니라 자신의 마음속에 있는 것이다. 지금 이 순간 눈을 지그시 감고 가슴에 손을 얹고서 뛰는 심장박동 소리를 느껴보라! 삶에 긴장하는 마음이 이완되면서 평화를 느낄 수 있을 것이다.

　행복하기 위해서 당신이 할 수 있는 것은 손짓 발짓 이 생각 저 생각으로 옮겨다니는 것을 잠시 멈추는 노력이 필요하다. 멈추면 비워지고 비워지면 맑아지고 맑아지면 밝아지고 밝아지면 통하는 것이 춘하추동이 만들어내는 이치인 것이다.

　인간의 깨달음도 그러하다. 태양은 오후가 되면 기울기 시작하여 일락서산(酉時)하여 대휴식(戌時)에 들어간다. 한 밤중(亥子丑時)에는 깊은 침묵 속에 몰입되어 있다가 동터오는 시간(寅時)이 되면 어둠을 몰아내고 세상을 밝음 가운데 드러나게 하는 것이다.

　이러한 변화과정이 마음속 깨달음의 길과 같은 것이다. 자연은 하루도 거르지 않고 깨달음의 이치를 보여주고 있지만 이치를 아는 자가 드문 것은 과한 욕심과 분별심에 떨어져 있기 때문이다. 오직 성인들만이 그 이치를 깨치고 자유인(열반)이 되었다.

지장보살!

무엇을 땅에 감추고(地藏),
무엇을 가슴에 품었다(含藏)는 말인가?
천지우주를
마음이라는 자궁속에
품은 대인이야 말로
모성(母性) 그 자체인 것이니,
천하 중생을 품고 길러내
밝은이들이 되게
제도할 수 있는 것이다.

눈길이 막힌 아이들

어느 아저씨께서 길을 지나가다 마주 오는 학생을 쳐다보고 지나치는데 그 어린학생이 아저씨를 불러 세우더라는 것이다. 아저씨가 왜 그러느냐고 물으니 학생이 하는 말이 왜 째려보느냐고 시비를 걸더라는 것이다.

그게 아니라고 했는데도 시비를 걸어오는 통에 말다툼이 생기게 되었고 결국 어린 학생들에게 아저씨는 코뼈가 부러지고 입술이 찢기도록 맞았다고 한다. 이런 학생들의 심리상태는 상대의 눈빛을 자신을 공격하는 무기로 생각하는 것이다.

마음속에 울분이 가득하여 충동적인 어린 학생은 외부의 눈초리를 자신을 공격하는 비수로 생각하는 것이다. 또한 어떤 꼬투리라도 잡아서 억압되어 비비꼬여있는 에너지를 밖으로 배출해 내야 하는 숨막히는 심리적 상황에 몰려있는 것이다.

감정조절이 되지 않는 이들은 일시에 억눌린 에너지를 배출해야 하기 때문에 그 행동이 폭력적으로 나타난다. 강도, 강간,

폭력, 살인 등이 바로 그것이다.

자신이 조절해 내지 못할 정도로 많은 마음의 상처가 마음의 에너지를 꼬이게 한 것은 마치 독을 가득 머금은 독사가 몸을 비비꼬며 움츠리고 있는 모습과 비슷하다.

사소한 자극에도 죽기 살기로 과잉대응하게 된다. 그러니 살벌할 수밖에 없다. 종이 상전의 안방을 차지하고 주인을 두들겨 패며 주인마님과 식구들을 욕보이는 처사와 다를 바가 없다.

이 문제를 해결하기 위해서는 종이 자신의 본분을 망각하고 주인을 능욕하게 되는 지경까지 이르게 된 이유를 소상이 자기 입으로 실토하는 시간을 허락해야 한다.

속마음을 밖으로 모두 들러내며 때론 분노할 수도 있을 것이다. 그걸 모두 드러내게 해야 한다. 아니면 자신이 얘기하고자 하는 내용을 제 삼자가 보여주면서 그걸 지켜보도록 하는 것도 좋다.

그러나 마음을 공부하는 방식을 적용한다면 한 가지 대상을 그저 바라보게 하는 것만으로도 억압된 감정을 해체시키고 건강한 정신 상태를 회복하게 할 수 있다.

또는 관세음보살이나 지장보살님의 명호(이름)를 부르며 정신을 집중하는 것만으로도 감정조절이 자연히 이루어지게 된다. 그러므로 비행 청소년들의 억압된 감정을 풀어내고 마음의 안정을 찾게 하여 정상인으로서의 행동방식을 갖게 하는데 명상이나 기도가 큰 도움이 된다.

교정 효과를 극대화하기 위해서는 먼저 동적으로 에너지를 사용하는 기도를 하게하고 그 이후에 정적으로 에너지를 사용하는 명상으로 인도하는 것이 좋다고 하겠다. 불교에서 '고성염불' 이나 교회에서의 '통성기도' 등은 초보 기도자의 의식을 정화하고 마음의 혼란을 털어내는데 좋은 방법이다.

스님! 뭐하세요?
뭐하긴 염불하지!

염불에 관한 자료를 뒤적거리다 육조혜능대사께서 말씀하신 귀한 자료〈禪淨雙修集要〉가 있어서 살펴보니 참으로 마음에 와 닿는 감동스런 부분이 있어 음미하게 되었다.

옛날에 한 사람이 육조대사에게 묻기를 "염불에 무슨 이익이 있습니까?" 하고 물으니 육조대사께서 답변하시기를…

"나무아미타불 한 구절(一句) 염불하는 것이 만세의 괴로움을 벗어나는 묘도(妙道)요,

부처가 되고 조사가 되는 정인(正因)이요,

삼계 인천(人天)의 눈(眼目)이요,

마음을 밝히고 성(性)을 보는 혜등(慧燈)이요,

지옥을 깨뜨리는 맹장이요,

많은 올바르지 못한 것을 베는 보검이요,

오천대장(五千大藏)의 골수요,

팔만총지(八萬總持)의 중요한 길이요,

흑암(黑暗)을 여의는 명등(明燈)이요,

생사를 벗어나는 양방(良方)이요,

고해를 건너는 배요,

삼계를 뛰어넘는 지름길이요,

최존최상의 묘문(妙門)이며 무량무변의 공덕이니라.

이 일구(一句), 나무아미타불을 기억하여

염념(念念)이 항상 나타나고,

항상 마음에서 떠나지 아니하며,

일이 없어도 이와 같이 염불하고,

일이 있어도 이와 같이 염불하며,

안락할 때도 이와 같이 염불하며,

병고가 있을 때에도 이와 같이 염불하며,

살았을 때에도 이렇게 염불하고,

죽어서도 이렇게 염불하여,

이와 같이 일념이 분명하면,

또 무엇을 다시 남에게 물어서 갈 길을 찾으랴.

이른바 오직 아미타불 지니고 다른 생각 없으면

손 튀길 수고도 없이 서방극락 가리라." 하였다.

이와 같이 염불이란 헤아릴 수 없는 큰 공덕이 일어나는 것이다. 업장소멸에서 시작하여 일상의 소원을 성취하고 나아가서는 삶과 죽음의 문제까지 해결하는 깨달음을 얻을 수 있는데 까지 나아갈 수 있는 것이 염불의 힘이다.

불보살님의 서원력에 힘입어 작은 노력으로 큰 성취를 이뤄내는 염불이야 말로 바쁜 일상을 살아가는 현대인에게 적합한 수행법이라는 생각이 든다.

수행하는 스님들도 수행 가운데 일어나는 장애를 해소하기위해서 불보살님의 이름(명호)을 부르며 염불하는 모습을 많이 보며 필자 역시 그렇게 하면서 불보살님의 많은 도움을 받으며 살아가고 있다.

비석화상의 〈염불삼매보왕론〉에는,
"부처님의 이름을 염하는 사람은 반드시 온갖 삼매를 한꺼번에 이루는 것이다. …염불을 하면 어지러운 마음이라도 부처를 이루지 못함이 없는 것이다." 라고 말하며 번뇌를 쉬고 지혜의 빛을 밝히는 정혜쌍수의 수행법이 염불수행이라고 말하고 있는 것이다.

그러므로 염불은 하근기나 업장이 두터운 사람들이 하는 낮은 공부법이라고 해서는 안 된다.

마음이 가난한(비움)자가 머무는
그곳이 하늘나라이다

 비록 몸은 땅을 밟고 살아가지만 그 마음은 하늘나라 사람인 이들이 있다. 바로 '비우고' '멈춘' 사람들이다.

 기도는 마음을 가난하게 하여 결국은 먼지 하나 없는 '상거지'가 되는 것이다. '비운다'는 것은 이미 자기 마음 가운데 들어와 있는 생각들에 대하여 간섭받거나 휘둘림을 당하지 않는다는 태도이다.

 '멈춘다'는 것은 지금껏 끝없이 긁어모으던 거지같은 근성과 작별하는 것이다. '바라봄'이라는 것은 있으면 있는 대로 없으면 없는 대로 있다 없다에 관심 갖지 않고 그냥 바라보는 것을 말한다.

 마치 맑은 하늘이 갑자기 흐려져서 먹구름이 일어나 어두워져 있을 때, 그 먹구름과 어둠이 신경 쓰여서 바라보던 시선을 다른 곳으로 돌리지 않고 원래 바라보던 하늘을 그대로 바라보는 것과 같다.

흐르는 물이 빈 구덩이를 가득 채우고 흘러가듯이 하늘이 흐르다 마음이 비워진 사람을 만나면 그 곳으로 흘러들어가게 되어 있는 것이다.

아니 이미 흘러들어와 있는 진실(행복)을 잊어버리고 수많은 시간을 헤매며 밖으로 돌아 나왔던 것이다. 그러나 아무리 밖을 쫓아 다녔어도 진실(행복)은 밖에 없었던 것이다.

끌어들이는데 길들어진 악습을 고쳐 마음을 비우는 습관이 들어가면 스스로 고개와 허리를 숙이는 겸손한 자세가 나오게 된다.

겸손해 져야 되겠다는 생각에서 고개를 숙이는 것이 아니라 마음이 끌어 모으면 든든해하고 다시 모았던 것을 내보이며 으스대던 태도를 멈추고 지금껏 자신에게 축적되어 있는 것들에 대한 자기 만족감에서 벗어나면 스스로 목과 어깨에 힘이 빠지면서 겸손한 태도가 우러나오게 되는 것이다.

관세음보살은 비우고 멈춰짐 속에 밝게 빛나는 지혜의 마음이요, 지장보살은 그 비우고 멈춰진 자리에 힘없고 희망 잃은 이웃을 지혜의 밝은 빛으로 인도하며 그들과 고락을 함께 나눔을 말한다.

하늘은
푸른 하늘이 아니요
또한 여기 있다 저기 있다
말할 수 있는 것이 아니다.
마음을 비운 자가 머무는
그곳이다.

차 한 잔으로 떠나는 행복한 여행

차는 마시는 장소의 분위기와 함께하는 사람에 따라서 맛을 달리 한다.

'물을 소가 마시면 젖을 만들고 독사가 마시면 독을 만든다'는 말이 있다. 차 맛을 결정짓는 데는 마시는 사람의 마음 상태가 제일 중요하다 할 것이다.

머리를 깎고 절에 들어가 수행을 막 시작하던 무렵에 어느 노스님이 해주시던 이야기 한 토막이 떠오른다.

옛날에 어느 도를 깨친 큰스님이 계셨는데 그분에게는 밥을 챙겨 주던 공양주가 한 분 있었다 한다. 공양(식사)하실 때마다 항상 밝은 모습이시던 스님이 어느 때는 무표정하게 상을 물리시고 식사를 않고서 자리에서 일어나시었다고 한다.

그래서 큰스님을 옆에서 모시는 역할을 하는 작은 스님이 그 연유를 여쭈어보게 되었다.

"스님! 큰스님 어디 불편한 데라도 있으신지요? 오늘 식사거리가 마음에 들지 않으십니까?"

"정성 없는 기도는 공염불이니 영험이 있을 리가 없고 의심이 없는 화두는 허공을 향해 헛발질을 하는 것에 불과하여 깨달음이 일어날리 없는 것이다. 오늘 공양주가 식사를 준비할 때 정성스런 마음을 잃어버리고 불평불만가운데 식사를 지어서 그 탁한 기운이 음식에 깃들게 되었느니라. 오늘 음식물은 몸을 길러내는 약이 아니라 몸을 상하게 하는 독인 것이다. 그래서 공양을 거절하였느니라라."

참선의 큰 스승인 조주스님께서는 자신을 친견하는 사람들에게 '차' 한 잔을 건넸다.

산 자는 물론이거니와 죽은 영혼까지 차 한 잔을 건넨다는 해탈구원의 말씀으로 불가에서는 자주 사용되고 있다.

차가 번뇌, 망상이라는 고뇌를 쉬게 하고 지극한 기쁨을 얻게 하는 생사해탈의 방편으로 사용되고 있는 것이다. 부처님께서 대중가운데 연꽃 한 송이를 들어 보이신 이치와 다를 것이 없는 것이 차 공양이다.

일상에서의 차는 물마시고 밥 먹고 하듯 음식물 중 하나에 불과하지만 수행의 방편으로 차가 사용될 때는 더 이상 음식물이 아니다. 바로 자신의 내면 깊숙이 자리한 영혼을 만나러 들어가는 문이 되는 것이다.

차를 앞세우고 부처님께 나아가는 차 공양의 의미가 바로 이 것이다. 차와 함께 부처님을 만나러 떠나는 수행은 고행이 아닌 즐겁고 행복한 여행인 것이다.

동 행!

이제
차를 대할 때
'마신다' 하지 말고
'함께' 한다는 마음으로
당신의 마음을 차 속에 불어넣어보라!
차가 당신의 마음을
새롭게 바꿔줄 것이다.
찻잔 속에 부처님의 미소가 어린 것을 볼 수 있을 것이다.

마음의 빛을 만나게 하는 암호

왜 외로울까? 혼자라는 기분이 들기 때문이다. 군중 속에 고독이란 것도 함께 있지만 진정 '함께' 하는 사람이 없기 때문이다. 그 때 당신은 그 외로움에서 달아나려고 이것저것 찾지 말라!

전화기를 쳐다본다거나 텔레비전 리모컨 같은 것을 찾지 말라. 평소에 자신에게 관심 주던 그 사람을 떠올리며 어디 분위기 좋은 곳에 가서 차나 한 잔 하려는 미혹을 떨쳐버리라. 마음이 심심하면 염불이나 해 볼 일이다. 외로움을 안내자 삼아서 두 손 합장하고 공손함으로 마음을 따라 여행을 출발해 보는 것이다.

'지장보살' '관세음보살' 등

불보살님의 이름이나 진언 등을 부르면서

외로움의 심연 속으로 깊이 들어가 보라!

외로운 마음은

당신 내면 깊숙이 빛나는 영혼이

당신을 가까이 오라고 손짓하는 신호인 것이다.

그 빛이 너무 강렬해서

당신이 그것을 보지 못하여

어둡다고(외롭다고) 착각하는데서 오는 감정이다.

외롭고 어두운 커튼을 열면

한 없이 열려있는 행복의 정원이 나온다.

잊지 말라!

관세음보살이나 지장보살은

당신 마음의 빛을 만나게 하는 암호라는 사실을!

나는 진짜 멍텅구리

난

한 평생을 이것저것

보고 또 보며, 듣고 또 들으며

숨 쉬고 또 쉬며, 먹고 또 먹으며

말하고 또 말하며, 느끼고 또 느끼며

생각하고 또 생각하며 살아 왔습니다.

그러나 어느덧

내 몸과 정신은 늙고 병들어

세상과의 소통을 거두어들이며

작별을 준비하고 있습니다.

머지않아 나는

육식(안이비설신의)의 감각을 거두어드리고

이 세상을 떠나게 됩니다.

그러나 그 돌아가는 처소는

어디인지 알 수가 없습니다.

당초 온 곳을 몰랐으니 갈 곳 또한 알 길이 없습니다.

난 진정 멍텅구리입니다.

삶이란 비우는 연습이다

수행자들은 왜? 무엇 때문에? 보아도 안 보이는 척하고, 들어도 안 들린 척 하고, 맡아도 못 맡은 척 하고, 느껴도 느낌 없는 고목처럼 하고, 온갖 생각 속에 있으면서도 이를 번뇌, 망상으로 치부하며 자신과는 상관없는 것처럼 초연하려고 하였을까?

그렇다! 우리는 자연의 흐름에 따라 봄에 씨 뿌리고 여름에 가꾸고 가을에 거둬들이고 겨울에 저장하는 생로병사 이치를 따라서 사는 것이요, 수행자는 생로병사하는 자연의 흐름이 끝에 가서는 모든 것을 '비우고' '놓게' 하는 '죽음' 이라는 사실을 미리 체험함으로써 생명의 질서를 깨닫고 이에 구애 없는 자유인이 되고자 삶을 살았던 것이다.

그리고 그 깨달음은 세상사의 가치에 초연하게 하며 그렇기 때문에 자기에게 주어지는 모든 시간들을 이웃을 위해 사용할 수 있고 공평무사한 처신으로 정의로운 행보를 보일 수 있는 것이다.

세상이 창조된 이래로 불협화음이 계속되는 것은 인간의 질서가 바로 약육강식하는 힘의 논리에서 벗어나지 못한데 있다. 그것이 설사 현실의 고통으로부터 인간을 구제하겠다는 종교라 하더라도 그러하다.

그래서 이 땅에 평화와 행복한 공동체를 이루기 위해서는 수행을 통해서 믿음과 지식과 신념과 주관으로부터 벗어나야 한다.

선다일여(禪茶一如), 다불(茶佛)등의 글귀에서 볼 수 있듯이 스님들이 사용하는 찻잔은 그 상징하는 바가 크다.

일휴선사가 하루는
모시는 큰 스님의 찻잔을 깨트리고 말았다.
스님께 말씀을 드려야하겠기에
이를 선의 이치를 들어서 알리기로 하였다.

"큰 스님! 태어난 인간은 왜 죽어야 합니까?",
"그것은 자연의 일이며,
세상 만물의 이치인 것이다.
한 번 태어남이 있으면 죽음이 있는 것이다."
"스승님! 사실은 스승님의 찻잔이 때를 맞이하였습니다."
" !"

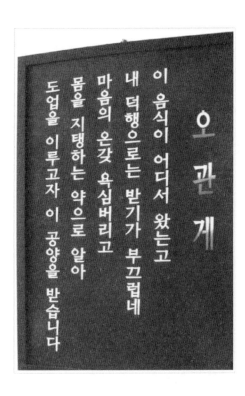

오관게

이 음식이 어디서 왔는고
내 덕행으로는 받기가 부끄럽네
마음의 온갖 욕심버리고
몸을 지탱하는 약으로 알아
도업을 이루고자 이 공양을 받습니다

일하지 않으려거든 먹지도 말라!

백장스님은 출가 수행하는 승려들이 지켜야할 규범을 정해 놓고 솔선수범하여 지켜나갔다. 그 규범중의 하나가 일하지 않으려거든 먹지도 말라는 것이었다.

중국선종의 특색은 스스로 자신의 생계를 꾸려간다는 것이다. 설사 도를 깨친 큰 스님이라도 논과 밭을 갈아 먹거리를 스스로 생산해 내는 노동을 중시하였다.

이는 단지 먹거리 해결의 차원을 넘어서서 승려들의 무위도식이나 세속화의 길을 차단시켜주는 효과도 포함하고 있는 것이다.

자신의 먹거리를 스스로 해결치 않고 신도들의 도움에 의존하게 된다면 또 하나의 빚이 늘어나는 것이기도 하지만 신도들과 물질을 주고받는 과정 속에서 사사롭게 얽혀서 파계에 이를 수도 있는 것이다.

물질적인 의식주 하나 해결하지 못하고 신도들에게 의존해야 한다면 어떻게 천상천하유아독존(天上天下唯我獨尊)을 외치며 마음의 독립(홀로서기)을 선언할 수 있을 것인가!

욕 정

어느 날 텔레비전 뉴스를 보니 한 남성이 많은 사람들이 모이는 장소에서 손목용 카메라를 이용하여 여성의 앉아 있는 다리를 찍었다고 한다. 그의 행동을 이상하게 여긴 여성이 문제제기를 하자 그는 놀라서 도망을 쳤다. 하지만 자리에 떨어트리고 간 명함 때문에 신상이 발각되어서 검찰조사를 받게 되었고 신분을 알고 보니 박사라는 것이 밝혀졌다.

출세를 위하여 많은 욕구를 억제하면서 앞만 보고 달려 나온 결과로 박사가 되고 그에 따른 명예와 부는 얻을 수는 있었지만 억제된 욕망은 분출의 기회를 호시탐탐 노리다가 그렇게 왜곡된 형태로 나타났다고 할 것이다.

아마도 그 박사님은 연애다운 연애를 해 보지 못했을 것이다. 사랑을 줘보지도 받아 보지도 못하고 공부를 위해서 태어난 기계마냥 자신을 채찍질하며 내 몰아 왔을 것이다.

그러는 동안 정서는 왜곡되고 욕망은 억압되면서 인성이 제대로 성장하지 못하였을 것이다. 오늘날 출세 제일주위에 내 몰린 사람들의 일그러진 내면을 들여다 보는 것 같아 안타까운 마음이 든다. 여기에는 가정에서의 잘못된 생활교육도 한 몫을 했을 것이 틀림없다. 감정을 조절하고 정서를 순화시키는 마땅한 방법을 찾지 못한 것도 원인이 되었을 것이다. 성장과정에서 상처입고 헝클어진 마음을 위로하고 보듬어 주는 노력이 필요하다 할 것이다.

수행이란 일체로부터 초연하여 자유로워지는 것이다. 그러나 이에 머물지 않고 초연이라는 그 자체마저 벗어나 버려야 진정 자유로움을 아는 자라 할 것이다.

옛날 어느 수행하는 한 스님에게 공부할 장소를 제공하고 20년 넘도록 뒷바라지를 해 오던 할머니가 계셨다. 그리고 끼니때가 되면 할머니는 딸에게 먹거리를 챙겨서 스님께 공양올리도록 하였다.

어느 날 할머니는 속으로 생각하기를, "20여년 이상 도를 닦았으니 공력이 상당한 지경에 이르렀을 것이 아니겠는가! 딸아이를 시켜서 시험을 해 봐야겠구나" 라고 생각을 하였다.

할머니의 부탁에 따라서 딸은 스님에게 다가가 스님의 무릎위에 앉기도 하고 뒤에서 껴안기도 하였다.

"스님! 마음이 어떠세요?"

"어떻긴 어때! 마치 엄동설한에 꽁꽁 언 것마냥 한 점의 온기도 느끼지 못하겠구나"

딸은 스님의 목석같은 반응을 할머니에게 그대로 전하였다. 이에 화가 치미는 할머니는 "내가 20년 이상을 땡중 뒷바라지를 했다니 속은 것이 억울하다" 하면서 공부하는 처소를 불 지르고 스님을 내쫓아 버렸다고 한다.

수행승은 여색을 멀리해야 하는 계율은 지켜냈을지 몰라도, 딸아이와 나눈 대화에서는 선의 문답이 되지 못하고 말았다. 문자와 형상에 구속되어 자유로움을 터득하지 못하였다는 것이다.

도(道)!

전지전능이며 무소부재하다.
작게는 먼지 하나에서,
크게는 우주전체에 이르기까지
존재하지 않는 곳이 없다.

불교경전 유마경에
"수미산이 갓씨 속에 들어있다"
의상대사의 법성게에
"하나의 티끌 속에 우주가 들어있다" 등의 표현
이 바로 그것이다.

도(道)란
크기나 길이에 상관없으며,
그것이 당신이라는 실제 모습이기도 하다.

억압으로부터 자유로워지기

우리의 의식 중에는 무의식이란 영역이 있다. 이곳에는 숨기려는 마음, 감정의 찌꺼기, 자신이나 외부에 의해 억눌려있는 마음 등이 저장되어 있기도 하다. 이러한 무의식의 모습들은 두려움을 내포하고 안으로 움츠러진 있는 심리상태를 갖는다.

수행을 하게 되면 이러한 무의식 속에 내장된 왜곡된 심리가 해체되면서 마음이 그 영향력에서 벗어나게 된다. 인간은 누구나 주변의 이목들을 의식하여 훌륭하고 멋있고 능력 있는 사람으로 거짓 포장 되어 있다.

그러나 내면은 야수 같은 동물적 본능이 꿈틀거리며 욕정과 탐욕에 숨을 헐떡거리며 공격성을 숨기고 있는 것이다. 도덕적인 인품을 요구받는 분야나 극기를 요구받는 자리에 사는 사람들의 심리

속에는 억압된 욕정이 웅크리고 있는 경우가 많다.
기회만 되면 폭발할 수 있는 폭탄을 가슴에 품고 지낸다고 할

수도 있다. 욕구가 정상적으로 채워지지 않으면 해결책을 극단
으로 찾아가니 물리적인 강압과 폭력에 노출되게 된다.

강도, 강간, 폭력, 살인 등의 범죄들이 바로 그러한 예를 보여
주고 있다. 기도는 이러한 억눌린 감정, 억압된 욕정이나 탐욕들
의 에너지를 해소시켜서 무의식의 횡포로부터 벗어난 자유로운
마음이 되게 해준다.

사랑은 깨달음의 완성/ 월산 作

사랑이란 서로를
아는 것으로부터 시작된다

행복은 서로를 '아는 것'이요. 서로를 '아는 것'이 사랑하는 것이며, 사랑하는 것이 서로를 '아는' 것이다. 섹스는 육체적인 결합이요, 사랑은 영혼의 만남이다. 육체적인 것은 시샘, 경쟁, 투쟁이 생기나 영혼적인 것은 이해, 나눔, 평화가 찾아온다.

육체는 개인소유욕이 발동하지만 영혼은 나눔과 공동소유가 가능한 것이다. 그러므로 인간이 육체적인 한계(집착, 소유욕)를 뛰어넘어서 영혼을 향한 수행으로 나아가는 것은 그곳에 행복이 있다는 것을 알기 때문이다.

육체란 생물학적으로 어머니 모태 속에 있을 때의 아버지의 정자와 어머니의 난자라는 인충(人蟲)의 확장에 불과하다. 그것은 물질적인 성질 때문에 투쟁이 불가피하다.

그러므로 육체적인 한계를 딛고서 영혼의 진화를 통해서만이 인간 완성이 가능하다. 수행의 힘은 개인성을 철저하게 해체시켜 버리고 모두의 마음 을 본질적인 것과 하나가 되게 한다. 수행에서 '멈춤', '지켜봄' 의 힘은 삶에 부정적인 부분을 소멸시켜버리게 된다.

긍정적인 것은 무한 확대가 자연적으로 이루어져서 어두움, 미움, 갈등, 분노, 우울, 부족함의 마음은 흩어버리고, 빛, 아름다움, 기쁨, 평화, 행복한 마음은 무한확장을 이루어내게 한다. 잠시 하던 일을 멈추고, 숨을 크게 내쉬어 보라!

기지개를 켜본다면 더욱 좋다. 순간이라도 마음속에 여백을 허락해서 '나' 로 하여금 자유를 느껴보게 하라!

병이란 빛이 가려진 그늘에서 생긴다

명리학에서 하늘의 기운을 다섯가지로 분류하고 그것을 다시 음과 양이라는 서로 다른 성질로 분류해 내는데 그 중에 병화(丙火)라는 것이 있다. 자연계에서는 태양이며 인체에서는 에너지를 상징한다.

태양은 항상 만물의 감추인 성질을 밝음 가운데 드러나게 하는 문화 문명의 발전을 이끄는 지혜의 성질이다. 그런데 병(病)이란 이러한 태양의 밝은 기운의 자유로운 발현을 가둬버린 것을 말한다.

에너지가 전신에 골고루 돌지 못하고 그 통로가 막혀서 병이 된 것을 말한다. 수행자가 공부를 잘못하여 뜨거운 열기가 머리에 가득 찬 것을 '주화입마' 라 하여 환청, 환각이 일어나고 과대망상증이 일어나기도 한다.

자신이 듣고 보는 대상이 실재하는 것으로 믿으며 그 곳에서 자신이 신이 된 것처럼 거드름을 피우며 큰 소리를 치기도 한다. 화기가 머릿속 뇌수를 말리고 잠을 제대로 청 할 수도 없게 만든다.

잠시 일어나는 신통력을 써먹으면서 도통한 사람처럼 특이한 행적을 보이거나 세상을 구제할 구세주처럼 처신하기도 하며 이에 휘말린 대중들이 보내는 관심에 도취되어 지내다 어느 날 신통력이 사라져 버릴 때 깊은 절망감 속에 빠져 버리기도 한다. 마치 마약이나 술의 힘을 빌려 허세를 부리다 정신이 돌아온 되에는 아무런 힘을 쓸 수 없는 초라한 자신을 마주하게 될 때 허망함을 견뎌내기 어려운 것처럼 된다.

수승화강(水昇火降)이 안 되어서 하늘과 땅이 갈려져 버린 몸과 마음은 어쩌면 남겨진 여생을 송두리째 빼앗아 가버릴 수도 있다. 다시 정신을 수습해서 공부하기는 요원한 문제가 되는 경우가 많다.

인간의 병은 수승화강이 안 되어 일어나는 것이 대부분이다. 음이 양이 되고 양이 음이 되는 원만한 조화 속에 건강도 기쁨도 목표의 성취도 따르는 것인데 조화가 깨어지면 병이 들고 슬픔과 좌절을 맛보게 되는 것이다.

음의 기운은 양의 기운으로 흘러들어가고 양은 음의 기운으로 흘러들어가서 서로 조화(좋아한다=사랑한다)하게 되면 행복한 기운이 되고 부조화가 되면 불행을 겪게 되는 것이다.

이를 수행의 측면에서 보면 음과 양이 서로 조화를 한다는 것은 서로의 기운을 통합하여 본래의 태극이라는 하나의 기운으로 승화(돌아감)되는 것을 말한다.

음이 양을 떠나고 양이 음을 떠나서 각자 이리저리 떠돌다 보면 창조적인 충전이 되지 않아 마침내 주어진 에너지는 고갈상태가 되고 만다. 그러나 양이 음으로 흘러들고 음이 양에게 흘러들어서 두 에너지가 서로 섞이어 중화가 되면 창조성이 발현되어 지혜를 얻고 창조력이 발휘되어 능력을 얻게 된다.

'나'가 대상인 '너'라는 속에 에너지를 쏟아부으면 마침내 '우리'라는 하나가 된다. 그러므로 모든 수행법은 마음의 상태를 기운이 분열되어 개체화되기 이전의 본래의 통일된 자리로 돌려놓는 방법으로 구성되어 있다.

정신이 물질과 함께하고, 마음이 몸과 함께하고, 남편이 아내와 함께하고, 부모와 자식이 함께하고, 상사와 부하가 함께하고, 지도자와 백성이 함께하고, 하늘이 땅과 함께하는 것이 바로 만남이요 소통이며 행복이다.

보이고,

들리고,

숨 쉬고,

느끼고,

생각되어지는 것과

하나 되어 보라!

그러려면 철저하게 현재 속에 이 순간 속에 집중하지 않으면 안 된다. 그곳에 건강이 있고 행복과 기쁨이 있다. 이것은 처처 (處處)에 불상이니 사사(事事)에 불공하며 때와 시간을 가릴 것 없이 현재 자신이 처한 심리적, 환경적 상황 그대로 선으로 들어가는 문(門) 이라는 정신과도 통하는 것이며 잠시도 부처님을 생각하는 마음을 잊지 않고 수행하라는 염불의 정신과도 상통한 것이다.

선의 지도자 들은,

"배고프면 밥 먹고 졸리면 잔다" 라고 하며 일상이 바로 선 (禪)이라고 표현하고 있다.

당신은 이 순간에 무엇을 하고 계십니까?

현재 당신이 하는 움직임과 마음이 하나가 되면 이를 선(禪) 이라고 표현하는 것이다.

뜻이 있는 곳에 길이 있다

편안한 마음가운데 눈을 감고서 가슴속에서 울리는 소리에 귀 기울여 보자. 그 소리를 따라가노라면 소리가 울려나오는 곳으로 길이 나 있음을 알게 된다. 처음에는 작은 오솔길이었으나 이윽고 커다란 대로를 만나게 된다.

마치 한 줄기 시냇물이 흐르다 보면 수만은 시냇물 줄기와 만나 더 넓은 강이 되고 바다가 되는 것과 같이 마음속 길은 마침내 한없이 펼쳐진 넓은 바다 같은 허공에 진입하게 된다.

이 허공에 들어와서는 더 이상 들어가거나 나가야 할 문이 없으니 대도무문(大道無門)이라고 하는 것이다. 모든 것이 문 아닌 것이 없는 것이다. 산 정상을 향해 올라가는 길은 동서사방에 많이 나 있다.

한 길을 오르는 사람은 다른 쪽 길은 보이지 않는다. 그러나 오르던 길의 마지막 자리인 최정상에서 바라보면 전체가 한 눈에 들어오는 것이다. 어느 수행자가 도 높은 스님을 찾아왔다.

그래서 스님이 수행자에게 묻기를,

"어떻게 오셨습니까?"

"네, 산 넘고 물 건너 왔습니다."

"산 새 들의 지저귀는 소리와 계곡에 흐르는 물소리를 들었겠습니까?"

"네, 보이는 것은 보고 들리는 것은 들었습니다."

"그럼 보이는 대로 들어가고 들리는 대로 들어가면 될 것을 여기까지 올 이유가 어디 있는가?"

모든 것은 하나로 시작하고 만 가지 숫자로 나누어지다 최종적으로는 하나로 돌아간다.

그러므로 모든 사물과 사람 개개인이 그 하나로 들어가는 문(門)이 되는 것이다. 그래서 일체가 문 아닌 것이 없다. 바로 당신이 극락으로 들어가는 출입문이니 당신이야 말로 나의 길(道)이요 진리요 생명 그 자체인 것이다.

울지 말고 웃어라!

옛날에 비가와도 울고 해가 쨍쨍 내리 쬐어도 우는 할머니 한 분이 계셨다.

우는 사연을 알아보니 할머니에게는 시집간 두 딸이 있었는데 큰 사위는 얼음 장수였고 작은 사위는 우산 장수였다. 날이 좋으면 우산이 안 팔려 작은 딸 걱정에 눈물이 나고 비가 오면 얼음이 안 팔리니 큰 딸 걱정에 눈물이 나는 것이었다.

그래 어느 노인께서 크게 웃으며 하시는 말씀이 날이 좋으면 얼음이 많이 팔려 큰 딸이 즐거워 할 것이니 좋고, 비가 오면 우산이 많이 팔릴 것이니 작은 딸 즐거울 생각하니 좋은 것 아니겠느냐 하는 것이었다.

할머니는 이후로 매일 웃고 지낼 수 있었다고 한다. 마음은 시소 기구와 같아서 어느 한 쪽이 무거워서 내려가면 다른 한 쪽은 가벼워서 올라가게 되어 있다.

마음을 채운자는

그 무게에 한 쪽으로 내려가고

마음을 비운자는

그 무게에 한 쪽으로 올라가게 되는 것이다.

마음을 비워서 위로 오르는 자는

항상 푸른 하늘을 가슴속에 담고 사는 것이니

행복한 웃음을 짓고 살아간다.

그러나 탐욕에 치우친 무거운 마음은

항상 거칠고 무거운 땅을 가슴에 담고 사니

힘겹게 살아간다.

허락된 시간에 감사하며 충실하라!

수행자가 어느 선사에게 물었다.

"마음이 곧 부처라고 하는데 마음을 깨달아 부처가 되면 죽어 어디로 갑니까?"

이에 선사께서 "내가 그런걸 알 리가 없다" 라고 대답하셨다.

수행자는 고개를 까우뚱거리며 다시 물었다.

"부처가 되면 일체의 의문을 해소하는 지혜를 얻는다 하였는데 왜 죽은 뒤에 일어날 일을 모른단 말입니까?"

이에 선사는 "부처는 삶과 죽음을 초월한 상태인데 어찌 죽음이 있을 것인가? 그것은 죽음이 있는 자연인에게나 해당하는 질문이다." 라고 말씀 하셨다.

죽음이란 만남과 헤어짐이 계속 반복되면서 '단절' 이 생기는 것을 말한다.

인간은 이생에서 저승으로, 저승에서 다시 이승으로 옮겨질 때마다 자신에게 있었던 사실을 까마득히 잊어버리는 것이다. 그러나 이 세상에서 일어나는 일들 중 새로운 것이라고는 하나도 없다. 지나간 것은 구태의연하고 다가오는 것은 항상 새롭게 느낄 뿐이다.

마음을 비우게 되면 지나간 세월이나 다가올 시간도 모든 사라지는 것이다. 그리고 의식은 오직 현재만을 비추게 된다. 예수님은 "내일을 걱정하지 말고 오늘일은 오늘 하라"라고 말씀하셨고, 철학자 스피노자는 "내일 지구에 종말이 온다 할지라도 난 오늘 한 그루 사과나무를 심겠다"고 하였다.

죽어 지옥에 가는가 천국에 가는가를 걱정할 필요가 전혀 없다. 오늘이라는 현재에 충실하며 사는 사람이 인생을 부질없이 낭비할 리가 없는 것이다. 오늘 자신에게 허락된 시간을 감사히 받아들여서 충실히 살아가야 한다.

달도 차면 기운다는데

재물이나 명예가 가득차면 기울기 시작한다. 하지만 가득차기 직전에 비워서 자신을 조절할 수 있다면 부와 귀는 오래도록 유지될 수 있는 것이 자연이 알려주는 처세법인 것이다.

그래서 부처님은 시간이 나실 때마다 '마음을 비우라!'고 하셨다. 살벌한 경쟁속에서 오래도록 살아남는 지혜이며 마음을 다스려 수행하는 이에게는 자신의 참 모습을 깨닫는 길이기도 하다.

옛날에 돈만 생기면 주머니 속에 넣어두고 한 푼도 쓸 줄 모르는 수전노가 있었다. 어느 날 묵선(默仙)이라는 참선을 하시는 스님께서 수전노와 마주하게 되었다. 스님께서 한 주먹을 불끈 쥐시고 "이 주먹을 영원히 펼 수 없다면 당신은 뭐라 하겠습니까?" 라고 물었다.

"그야 병신 아니겠습니까?" 라고 대답하였다. 이에 스님께서 또 주먹을 펴시면서 하시는 말씀이 "이 손이 펴진 상태로 영원히 구부러지지 않는다면 당신은 뭐라 하겠습니까?" 물으니 이번에도 역시나 "그것도 병신 아니겠습니까?" 라고 답하였다.

이에 스님께서 말씀하시길 "제가 지금 당신께 보여드린 것에 대하여 당신이 답변하신 내용을 잘 이해하시면서 재물을 사용하신다면 당신은 즐거움을 아는 부자가 될 것입니다" 라고 하시며 자리를 떠나셨다.

열고 닫고를 자유자재로 할 수 있는 사람은 때와 장소에 맞는 임기응변력이 뛰어나서 근검절약하는 생활 속에서도 때때로 명분 있는 일에는 통 큰 기부로 선행을 실천함으로 인하여 자신에게 주어진 부의 에너지를 안정적으로 관리하며 더 큰 부의 기운을 형성해 나갈 수 있게 된다. 이로써 자신이 소유한 것으로 인하여 초래되는 재앙을 미연에 방지할 수도 있는 것이다.

그대 이름은 바람

옛날에 바람둥이로 소문이 자자한 남자가 있었다. 새로운 여자를 만날 때 반드시 세 번 이상은 만나지 않을 것이라는 전제를 깔고 교제를 시작하는데 이 '세 번' 이라는 말에 여자들이 묘하게들 꼬여들더라는 것이다.

한 번만 만나고 헤어지기는 너무 아쉬움이 남을 것 같고 두 번 만나고 헤어진다면 그래도 조금은 아쉬움이 남아 있을 것이고 그래서 연애는 세 번은 해야 헤어지더라도 아쉬움을 떨칠 수 있을 것이니 세 번만 만나자는 표현을 쓰게 되었단다. 그런데 이 말이 많은 여자들의 마음을 흔들어 유혹에 넘어오게 하더라는 것이었다.

하루는 한 동네에 사는 형뻘 되는 사람이 이야기를 걸어봤다. "동생! 오늘도 어제 만났다던 그 여자 만나러 가는 거야?" 바람둥이 동생이 대답하기를 "어제로 세 번째 만나고 헤어졌습니다. 오늘은 다시 새로운 여자 만나러 갑니다." 라고 하는 것이다. 이성이 되었든 사물이 되었든 처음에는 새로움에 따른 생기를 느

끼게 하지만 시간이 지나면서 구태의연함에 식상하게 되는 것
이 사람의 변덕스러운 심리이다.

세상에는 변하지 않는 것이 없다. 아무리 새로운 것을 천 번
만 번을 쫓아간다 해도 자기만족은 영원히 일어나지 않는다.

한 곳에서 또 다른 한 곳으로 한 사람에서 또 다른 한 사람으
로 옮겨가는 변덕스런 바람의 심리를 한 곳에 묶어두고 마음을
비울 때 비로소 자기만족이 찾아와서 행복해 진다. 팔만사천 번
뇌, 망상을 다스리며 고요한 마음가운데 넉넉한 마음이 드러나
게 하는 염불수행은 행복의 문으로 들어가는 열쇠이다.

스스로 등불되어 밝히고(自燈明)
법을 등불삼아 밝히라(法燈明)!

한 맹인이 있었다. 해가져서 세상이 어두워 질 때까지 대화를 나누다 헤어지려하니 걱정스런 친구가 맹인에게 등을 하나 건네주면서 이야기 하길,

"이걸 가지고 가시게나"
"이것이 무엇인가?"
"어둠을 밝히는 등일세"
"이 친구야, 난 앞도 볼 수 없기에 낮밤 분간을 못한다는 걸 자네도 알 텐데 등은 무슨 필요가 있겠는가?"
"자네가 등을 들지 않고 어둠길을 가다보면 상대가 자네를 알아보지 못하여 부딪히게 되니 이 등을 들고 가게나"

"아… 그런 깊은 뜻이 있었구만. 그럼 등을 들고 가겠네."
이리하여 맹인은 친구가 건네준 등을 들고 어두운길을 더듬거리며 가다가 그만 어떤 사람과 부딪히는 일이 생겼다. 이에 놀란 맹인은 상대방에게 호통을 치면서 말을 내 뱉었다.

"아이구, 맹인 죽네! 당신 말이야 두 눈 똑바로 뜨고 다녀! 이 등불도 보이지 않는가?"

"이보세요! 등에 불도 켜지지 않았는데 제가 어떻게 등불을 볼 수 있단 말입니까! 이 한심한 맹인아!"

부처님은 제자들에게 당부하시길 "자기 자신을 등불로 삼고 자신을 의지하며, 진리로 등불을 삼아 마음을 깨우쳐라!"라고 말씀하셨다.

아무리 훌륭한 말씀이라도 그 말씀이 체득되지 않는다면 하나의 장식품에 불과한 것이다. 몸소 실천해서 자기 것을 만들어야 세상을 밝히는 지혜를 터득할 수 있어서 맹인의 삶을 청산할 수 있는 것이다.

부처님의 말씀, 예수님의 말씀, 공자님이나 노장의 말씀이라도 수행하여 진리를 체득하지 못하면 영원히 원님 지나간 뒤에 나팔 부는 격이 되고 마는 것이다.

남의 말을 끌어모아 모자이크된 의식의 옷들을 훌훌 벗어 던지고 밖으로부터 끌어 모으려는 시도를 멈추고 마음을 비우라!

목석같은 사람

나무를 깎고 다듬어 하늘 높이 건물 천장에 매달린 '하늘고기'로 태어난 것이 목어이다. 우리는 얼마나 다듬어져야 사람 노릇 한 번 제대로 하며 살다가 하늘 높이 뛰어 오를 수가 있을까를 생각해 본다.

우화등선이란 사람이 신선되어 하늘로 올라간다는 것이요 승천이란 구원을 받아 하늘나라로 올라간다는 것이다. 불교에서는 죽어 하늘나라인 극락세계에 가서 태어난다는 것이다.

그러나 '죽은 자' 란 숨이 멈춰진 육신의 죽음을 말하는 것이 아니라 사고활동이 멈춰져 의식이 죽은 자를 말하는 것이다.

목어는 말이 없다. 천 년이 가도 만 년이 가도 침묵 속에 그저 '그 자리' 에 머물고 있다. 누군가가 다가가서 두들기면 그때는 '소리' 를 내지만 이내 침묵하며 고요 속에 머문다. 세상을 살다 보면 침묵이 때로는 금일 때가 있다. 수행자는 침묵으로 마음을 단련하여 천만년이 지나도 무너지지 않는 금강석 같은 마음을 이룬다.

마음의 고향으로 들어서는 일주문

한 때 꺼지지 않는 로마제국의 시기가 있었다. 그 때에는 세상은 로마로 통한다고들 이야기하곤 하였다. 사실 어느 민족치고 한 번 정도 세상을 호령하지 않은 나라가 있었겠는가 하는 생각이 든다.

마음의 행복을 찾는 우리 모두에게도 넓은 우주를 마당 삼아 맘껏 뛰놀던 시기가 있었던 것이나 오랜 생을 거치면서 현실에 밀착된 의식 활동으로 인하여 그 황금시절을 잊어버리고 살고 있는 것이라 할 것이다.

마치 재벌이 의식에 장애가 발생하여 옛 기억을 잊어 버린채 거리의 노숙자처럼 길거리를 배회하는 방랑자가 되어 버린 것과 같은 것이다. 절 입구에 우뚝 서 있는 건축물을 일주문이라고 하는데 이는 하나의 세계로 들어가는 대통합의 문이란 뜻이다.

누구에게나 마음의 본 고향으로 들어가는 문은 하나이다. 이 하나의 문은 수행자에게 열려있는 길이요, 수행자가 걸어가는 길이요, 수행자가 도달해야 할 마음의 고향이기도 하다.

울 림!

울림이 없는 산은 산이 아니며,
울림이 없는 악기는 악기로서 가치가 없다.
목탁을 두드리고 종을 두드리고 법고와 목어나
운판을 두드리는 것은
바로 마음을 두드리는 것이다.
그것은 '지혜의 문'을 열기 위해서인 것이다.
새해 첫날 보신각종을 두드리며
새해가 열렸음을 만 천하에 알리듯이
항상 우리네 가슴은
울림으로 가득 충만하게 해야 한다.
두드림(떨림)이 없는 인생은
이미 죽은 인생이나 다름없다.

죽음에 대한 문답 한 토막

"스님! 죽으면 어디로 가십니까?"

"모른다."

"스님이 모르시면 누가 압니까?"

"내가 죽어봤어야 알지!"

수행이란 있다 없다, 산다 죽는다라는 상대적인 관점에서 벗어나는 데 공부의 목적이 있다. 그러한 수행자에게 "죽어서 어디로 가느냐?"라는 질문은 잘못 건네진 것이 된다.

"죽어 봤어야 알지."의 뜻은 생물학적인 죽음을 말하는 것이 아니다. 진리란 이미 죽고 살고라는 상대적 관점에서 벗어나 있는 인간의 본성 곧 불성인 것이며 이를 깨달은 자신에게 "죽어 어디로 가느냐?"는 질문은 관심의 대상이 아니라는 것이다.

질문으로서 성립 자체가 되지 않는다는 것을 강조한 것이다. 모이면 살고 흩어지면 죽는다는 말은 구호에만 있는 것이 아니라 인식의 차원에서도 적용된다. 의식이 나누어지고 이것저것으로 편을 가르는 태도는 결국은 개체화를 고착시켜서 대립과 투쟁을 불러오고 급기야는 끓어오르는 증오심으로 상대에게 저주를 퍼붓고 살상에 나서게 한다.

더불어 살아가는 길은 서로의 다름을 인정하고 장점을 살펴서 조화와 통합의 길로 나아가야 한다. 이는 대인과 소인의 차이이며 대인의 의식이 많아질수록 인간관계는 안정되고 풍요로워지며 행복으로 나아가게 된다.

그런 점에서 이 사회가 행복해지기 위해서는 소위 가진 자들이 인간에 대한 깊이 있는 이해를 하고 대인다운 포용력을 가져야 한다는 것을 강조하지 않을 수 없다.

인생은 나그네 길

마음을 허공처럼 텅 비게 한다는 전제에는 빈 마음속에 뭔가 이것저것 끌어 모아 많은 것들로 채워져 있다는 것이다. 희망적인 것에서부터 원망스런 것들까지 인생사 희로애락이 마음속 이곳저곳에 쌓여져 있는 것이다.

무거운 짐들을 가득 실은 그 위에 하나라도 더 싣고서 경사진 언덕길을 넘어가려는 몸짓이기도 하는 것이 욕망이라는 삶의 과정이요, 비우고 또 다시 하나라도 비워서 내리막길을 가볍게 내려가야 하는 것이 죽음을 향한 발걸음이다.

불교는 "여보게 저승 갈 때 무엇을 가져가려나?" 하는 질문을 세상사는 이들에게 던진다. 저승으로 가는 데는 숨을 들이마시고 내 쉬는 것조차 힘이 들고 가는 발걸음을 머뭇거리게 하는 것이다.

살아생전에 그 누군가를 사랑했던 마음도 떠나감을 지체시키는 장애물이 되며 그 누군가를 미워했던 감정은 더 큰 장애물이 되어 떠나감을 어렵게 하는 것이다. 장애물이 있으면 그 장애물을 제거시키는 순간까지 장애물에 엉켜서 고통을 주고받아야 하는 것이다.

인생이란 텅 빈 허공에 일어난 한 점의 뜬구름과 같고 죽음이란 그 뜬구름이 사라지는 것과 같다. 현실에 머무는(집착)바 없이 살다, 현실에 머무는(집착)바 없이 죽는 것을 불교는 자유(해탈, 열반)라고 하는 것이다.

이 세상에 와서 인연된 모든 것을 이 세상을 떠나갈 때는 내려놓고 가는 이치를 이해하여야 하며 이 세상을 살면서 끌어 모은 모든 것을 내려놓는 연습이 평소에 필요한 것이다. 그러므로 주변을 돌아보고 어려운 이웃을 챙기며 그들과 함께하는 것을 모르는 사람은 죽을 줄을 모르는 것이며 죽음에 대한 이해나 준비가 되어 있지 않은 것이다. 잘 죽어가는 것이란 자신의 소유를 이웃에게 잘 나눠주고 간다는 뜻이며 잘 살아가는 것이란 이웃을 잘살게 살려가는 것이다.

빈 손!

바람은
대나무 숲을 지나도 머무는 바 없고,
허공에 나는 새는
자취를 남기지 않는다.
인생도
수많은 사람들과 만나고
헤어짐을 되풀이하며 살지만,
그 마지막에는 빈손으로
이 세상을 떠난다.

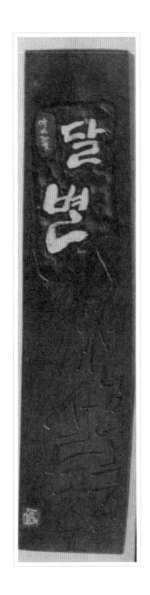

달빛과 별빛이 사는 그곳! /월산 作

천국과 지옥 있는가 없는가?

선가의 입장에서 보면 지옥이나 천국은 생각이 만들어낸 허상일 뿐 실재하지 않는다. 그러나 하루에도 수많은 사람들이 병이나 사고로 죽어가고 있고 가족들은 그가 극락이나 천국으로 가길 기원하며 신이나 불보살님께 기도하며 보살펴 주시길 염원한다.

많은 불교도들은 나무아미타불 염불을 하면서 사후에 극락에 태어나길 발원하고 기독교인들은 예수님의 은총으로 사후에 천국에 가길 기도하기도 한다.

있고, 없고는 현상적인 모습들이며 그것은 시간 따라 형태를 바꿔나가는 것이니 있다가도 없고, 없다가도 있기도 한다. 천당이나 지옥이라는 것도 그러하다. 그러나 본질이란 '그냥 있을 뿐' 어떠한 조건에 의하여 변화되는 것이 아니며 이것은 천당과 지옥이 있고 없고 보다 상위개념인 것이다.

어느 분이 서당지장스님께 묻는다.

"천당이니 지옥이니 하는 것이 있습니까?"

"있다"

"참선할 적에 어느 스님께서는 일체가 없다(無)고 하셨습니다만"

"그대의 가족은 있는가?"

"네, 마누라와 자식 둘 있습니다."

"그럼, 경산스님이 거느린 가족은 있던가?"

"경산스님은 출가하여 수행승이신데 무슨 가족이 있겠습니까?"

"가족관계로 말하면 당신과 경산스님은 아무런 상관이 없다(無)고 할 수 있다"

"그것이 제가 질문한 답과 무슨 상관이 있습니까?"

" .... "

여기에 길이 있어 걷는 것이다

어느 스님이 걷고 있었다. 마침 사찰에 불공을 드리러 온 불자가 있어 스님께 다가가더니…

"스님! 여기 계셨군요. 그런데 지금 무얼하십니까?"
"보다시피 걷고 있습니다."
"산책시간입니까?"
"여기에 길이 있기에 그냥 걷고 있는 중입니다."
"아하! 산세가 수려해서 구경하실 것도 많고 맑은 공기, 시원한 계곡물소리 등 참으로 구경거리가 많으시겠습니다."
"여기에 길이 있기에 그냥 걷고 있는 중입니다."

선이란 바로 현재라는 이 순간에 자신에게 주어진 바에 열중하는 것이다.
대매(大梅)라는 스님은 마음의 정체를 아신 후에 산 중 깊숙이 은거하며 지냈다. 하루는 길을 잃고
깊은 산중으로 들어온 운수(雲水)라는 스님이 스님께 길을 묻는다.

"어느 길로 가야 산을 빠져 나갈 수 있겠습니까?"

"당신은 무얼하는 사람이요?"

"네, 운수납자(雲水衲子)입니다."

"그럼 물 따라 구름 따라 흘러가라!"

깨달음에 대한 언어 I

어느 스님 한 분이 큰 스님을 방문하였다.

"큰 스님 깨달음이란 무엇입니까?"

"오늘은 부채질을 아니 해도 바람이 선선하게 잘도 부는 구나!"

깨달음의 언어라는 것은 있고 없고 묻고 답하고 하는 상대적인 관점을 벗어나 지금 이 순간에 눈에 보이고 귀에 들리는 그 자체가 질문에 대한 답변이 된다.

삼 더하기 삼은 육이지만 이는 종래의 것을 답습한 것에 불과하다. 그러나 삼 곱하기 삼은 구가 되는 것이니 이것은 보다 진보적인 혁신의 개념이 된다.

창조라는 것은 기존의 격을 파괴하고 새로운 판을 만들어 내는 것이다. 쓰레기 매립지를 고층빌딩으로 개발하고 공부에 열등생이 위대한 발명이나 발견을 하여 삶의 형태에 지대한 영향력을 끼치는 것에 비교될 수 있다.

선의 세계란 질문과 답변이라는 형식을 벗어나 있음으로 다소 엉뚱하다 생각될 수도 있는데 사실은 지극히 현실적인 이야기를 하고 있는 것이다. 한 가지 질문에 한 가지 답변으로 응대한 것이 아니라 한 가지 질문에 열 가지 답변으로 환대한 것이다.

"선이란 무엇인가요?"

"전지전능한 신이나 대자대비하신 부처님도 대답해 줄 수 없다."

"신이나 부처님도 모르는 부분이 있습니까?"

'배고프니 밥을 먹어야겠다. 그런데 네가 내 대신 가서 밥을 먹어준다면 내 배가 부를까?'

깨달음(종교적 체험)이란 누가 대신해줄 수 있는 것이 아니다. 오직 자신만이 체득할 수 있을 뿐이다.

깨달음에 대한 언어 II

어느 노스님이 허리가 휘어지고 바짝 마른 모습을 하고서 시간만 있으면 절 주위에 돋아난 풀을 제거하느라 여념이 없으셨다. 어느 날 노스님을 아시는 불자가 찾아와서 묻기를,

"스님! 몸도 편치 않으실 텐데 젊은 스님들 놔두시고 왜 이런 일을 하십니까?"

"아직은 움직일 힘이 있으니 걱정하지 마세요.

"그래도 그렇지요. 이러시다 병이라도 얻으시면 어쩌시려고요?"

"어허! 오늘은 유난히 날씨도 화창하고 시원한 바람도 불어와 친구가 되어주니 기분이 무척 좋은 걸 나의 즐거움을 모르십니다."

사랑은 내리 사랑이라고 한다. 하늘은 비를 내려 윤택한 땅이 되게 하고 만물에 생기를 불어넣어주나 공덕을 기억하여 자신을 내세우며 특권을 누리려고 아니하며 도인은 마음을 하늘처럼 비었으므로 그 자신이 바로 하늘의 마음과 하나가 되었으니 자신

이 하는 일에 대하여 인정을 받는 것을 전혀 생각할 수 없다.

강건한 힘의 상징인 하늘은 넘치는 에너지를 발산하며 끊임없이 만물에게 생기를 불어넣어주는 것으로 자기 할 일을 묵묵히 할 뿐이다. 바로 길이 있으니 가고 일이 있으니 하는 것뿐이다. 그것으로써 대만족이다.

하나마저 버려라!
"스님! 제가 기도를 하고나니 마음이 텅 비워지는 것 같아서 마음이 편안합니다."
"버리세요!"
"기도를 통해서 이미 버려서 더 이상 버릴 것이 없습니다."
"그러시다면 가지고 계시던지!"
"그게 무슨 뜻인지요?"
기도를 하여 마음이 텅 비었다는 그 생각마저 버려야 한다. 비우고 버렸다는 그 마음을 가지고 있다는 것은 언제든지 다시 뒤집어질 수 있기 때문이다.

불상을 태워버리다

금강경 사구게에 이르길 "무릇 형상 있는 것은 모두 허망한 것이니 만약 모든 형상이 진실된 모습이 아니라는 것을 알면 부처님을 보는 것이다." 라는 구절이 있다.

자연현상이나 문명사회나 인간의 살아가는 바는 고정된 실체가 없는 것이다. 때와 장소와 대상과 상황에 따라서 기준점이 다르고 해석이 달리 되는 것이다.

그런 점에서 고정된 관념과 집착을 깨뜨리는 단하(丹霞)스님의 불상 태우는 사건은 파격적인 선의 정신을 그대로 드러내주고 있다. 추운 겨울 혜림사에 묵게 된 단하스님은 날씨가 너무 추워서 법당에 모셔진 목불(木佛)을 내려서 도끼로 쪼개어 장작을 만들고 불을 피우게 되었다. 이를 발견한 해당 절의 스님이 격노하여 고함을 치게 되었다.

"감히 부처님을 도끼로 쪼개서 불을 피우다니!"
"불상에서 사리가 나오는가 확인을 하는 중이라오"

"목불에서 어찌 사리가 나올 수 있단 말이오?"

"그렇다면, 사리도 나오지 않는 불상이 영험이 있을리 만무하니 법단에 놓여있는 나머지 두 개의 불상마저 태어서 추위나 가시게 해야되겠소이다"

도인은 일체의 형상을 떠나 있기에 정사, 선악, 시비, 곡직에 휘둘리지 않는다. 모습을 갖고 있는 모든 것은 영원한 것이 아님을 알기에 목불(형상)을 손상시켜도 그것이 허물이 될 수 없다.

자전과 공전

회전하는 소리의 파동!
기도가 진행될수록
염불소리는 자전 속에 공전한다.
마음속에 온갖 사념들을 옆으로 밀어내고
그 중심에 빈 공간의 길을 만들어낸다.
그 길을 따라 의식의 각층을 통과하여
생사의 오가는 이치를 깨닫게 된다.
기도의 원리는
지구의 자전과 공전현상이나
세탁기의 탈수현상을 통해서
이해를 얻을 수 있다.

샘처럼 자신을 끊임없이 비우라

자신이 있어 대자연을 깨닫고자 한다면 바른 이치를 깨닫기 어려운 것이다. 그것은 자신이라는 실체를 전제하였기 때문에 불안전하고 제한적인 경험만을 할 뿐이다.

자신에 집착된 마음에서 떠나게 되면 자연은 자연스럽게 자신의 모습을 드러내게 된다. 자기가 사라지면서 자기는 자연이라는 전체 속에 편재해 있는 것을 깨닫게 된다.

그러나 사람은 나를 견고한 성에 가두고 세상을 자신에게 흡수하려고 하는 데서부터 불행이 시작되는 것이다.

'나'가 사라져서 보다 큰 자신으로 상대 속에서 다시 태어나는 길을 가야 행복해지게 된다. 한 송이 꽃을 보면 온 세상이 그 한 송이 꽃으로 드러나고, 한 자루 향을 태우면 온 세상이 그 한 자루 향불 속에 드러나게 된다.

이름이 문제가 아니라 그 마음이 문제이다

이름이 마음에 들지 않는다는 어느 여인이 스님을 방문할 기회가 있어서 차 담을 나누게 되었다.

"이름이 무엇인고?"

"네, 미애라고 합니다."

"아름다울, 미 + 사랑, 애 자가 맞지요?"

"네, 맞습니다."

"혹시 이 이름자 때문에 주변에 벌, 나비가 득실거리는가 하여서 이름을 바꾸고 싶다는 생각이시죠?"

"아니 그걸 어떻게 아시는지요? 사실 그렇습니다."

"그렇다면 앞으로는 아름다운 마음으로 세상을 사랑하며 사시면 됩니다. 이것이 개명을 하는 그 이상의 영험있는 조치가 됩니다. 다시 말하면 한자를 바꾸는 것이 아니라 지금껏 사용해온 이름의 의미를 전혀 새로운 각도에서 해석하시라는 것입니다.

아름답고 사랑스럽다는 대상이 내 자신이 되지 말고 세상이 되게 하여서 세상 속으로 다가가시기 바랍니다.

물이란 흐르면 만물을 키우고 멈추면 자신만 썩는 것이 아니라 주변도 악취속에 빠지게 합니다. 피도 돌고 돌아야 몸의 신진대사가 원활하여 건강할 수가 있고 아니면 어혈이 차서 몸에 병이 생깁니다.

이름이라는 것도 어떻게 해석되느냐에 따라 에너지 작용이 달라지는 것이니 꼭 문자에 얽매일 필요가 없습니다. 세상을 맑고 향기롭게 만드는 데 자신이 할 수 있는 작은 일부터 찾아서 실천해 보시기 바랍니다."

마음가짐이 변하면 기운이 변하고 기운이 변하면 세상을 살아가는 자신의 모습이 변하게 되는 것이니 꼭 글자에 얽매일 필요가 없는 것이다.

색즉시공(色卽是空),
공즉시색(空卽是色) Ⅰ

　명산대천을 유람하며 신비하고 진귀한 자연의 모습을 순간 포착하여 한 장의 필름에 담는 일을 하는 사진을 수행으로 하는 한 스님이 계셨다.

　수행이 상당한 경지에 이른 것을 안 어느 사찰의 스님이 사진을 한 장 부탁하게 되었다.

　"제가 스님의 소문을 들으니 사진으로 자연의 변화하는 모습을 담아내지 못하는 것이 없을 정도로 경지에 오르셨다고 하는데 그렇다면 제 마음도 찍어서 보여줄 수 있겠습니까?"

　"그야 어렵지 않습니다. 꼭 원하신다면 그렇게 해 드리겠습니다. 지금 이 순간 스님의 얼굴을 쳐다보니 꼭 돼지머리 같습니다 그려!"

　"이 무슨 기분 나쁜 소리를?"

　"짤칵! 네 아주 잘 찍혔습니다. 자~ 보세요. 이것이 바로 스님의 마음입니다."

"음… 인상 쓰고 있는 모습이 꼭 그렇게 찍혔군요. 그렇다면 부처님의 마음도 찍어서 보여줄 수 있겠습니까?"

"그야 어렵지 않습니다. 지금 이 순간 스님의 용모를 보니 꼭 부처님 같습니다."

"음… 그러니까 불교에서 말하는 일체가 오직 마음의 작용이라는 것을 말씀하시고 계시는군요."

"네, 스님 맞습니다. 다 스님의 마음 작용에 의하여 부처도 악마도 천국도 지옥도 만들어지고 오고가는 것이 아니겠습니까? 전 자연의 변화하는 모습을 통해서 자연의 감정을 읽어내고 그걸 한 장의 필름에 담아내는 것뿐입니다.

그러나 자연의 변화는 곧 물질이라는 색의 변화로서 실체가 없는 것입니다. 순간순간의 변화하는 자연의 감정을 하나의 필름에 담아내는 작업이라도 그것은 바로 공한 것이니 바로 '색즉시공, 공즉시색'이라 할 것입니다."

자연의 변화를 한 장의 필름에 담는다 해도 우주에 있는 먼지 한 점에 불과한 것이요. 귀한 한 점의 작품일 지라도 대지위에 떨어지는 빗방울 한 점일 뿐이다. 그러나 비록 한 점의 먼지와 빗방울이라도 정신이 집중되어 생기(혼)가 깃들면 우주로 들어가는 문이 된다.

색즉시공(色卽是空),
공즉시색(空卽是色) II

  지혜로운 이는 세상(물질)을 공(空)으로 보고 어리석은 이는
공(空)을 물질로 바라본다.

  '부처 눈에는 부처만 보이고 돼지 눈에는 돼지만 보인다.' 는
속담이 있다. 세상을 깨달음의 눈으로 바라보면 텅 비어 있다.
기체, 액체, 고체로 변화하는 물질도 실체가 없이 텅 비어 있을
뿐이다. 단지 우리의 사고가 물질적인 장벽에 막혀있어서 텅 비
어있는 공의 실상을 보지 못하고 물질적인 틀 속에 갇혀 있는
것이다. 안개나 아지랑이, 흐르는 물이나 구름, 단단한 돌멩이까
지도 그 실제상은 텅 비어 있다.

  인간의 형체나 이목구비, 신체부위, 오장육부, 내부 장부들도
다 비어 있다. 아니 인체를 이루는 최소단위인 세포들 자체가 실
체가 없는 것이다. 있는 것으로 보이는 것은 물질적인 눈으로 바
라보기 때문이다. 수행을 통해서 마음이 정밀해지면 물질적인
움직임은 인연에 따라서 일어났다 살아지는 변화의 과정일 뿐

이라는 사실을 알게 된다.

현실도 사고 작용도 영혼의 몸짓이라는 것은 거대한 바닷물이 바람의 영향으로 물결이 일어나기도 하고 심하면 폭풍으로 파도를 일으키기도 하지만 머지않아 잔잔한 물결로 돌아가는 현상과 같은 것이다.

세상의 변화를 오랜 세월동안 관찰해서 물질, 정신, 영혼의 움직임까지 이해하는데 이르신 성인은 사물의 시작과 끝을 알고서 과정을 살아가되 집착함이 없고 소인은 사물의 시작과 끝을 모르고 과정에 집착하여 고통 속에 살아간다는 것이 다르다.

> 세상만사를
> 공의 눈으로 바라보면
> 극락, 지옥, 윤회하며 오고간다는 것은
> 한 낱 허망한 이야기며,
> 물질의 눈으로 바라보면
> 지옥, 윤회, 오고간다는 것은
> 엄연한 사실이 된다.
> 그러므로 수행으로
> 마음을 갈고 닦아 해탈에 이르면
> 극락과 지옥, 윤회에 걸림이 없는
> 자유인이 된다는 것이 부처님의 말씀이시다.

얻고자 하면 먼저 주라!
(투자가 있는 곳에 소득이 발생한다.)

세상사란 가만히 있는데도 한편에서 보면 어느 한 편을 암묵적으로 동조하는 것처럼 오해를 살 때도 있다. 그것은 이 세상이 돌아가는 원리가 어느 한 편으로 입장을 정리하려는데 익숙해 있기 때문이다. 수행자는 긍정도 부정도, 나아가고 물러나고, 있고 없고의 양단간의 입장을 취하지 않는 것을 기본(基本)으로 삼는다. 현실적 개념으로 열반의 의미는 정사, 시비, 선악, 곡직이라는 상대적인 태도에 휘말리지 않는 것이다.

보수나 진보가 극렬하게 대립할 때 수행자가 어느 한쪽의 손을 들어주는 것은 자신의 본을 잃어버린 처사이다. 대립은 쓸데없는 고통을 만들어 내는 것이라 지적하여 서로 한 발씩 양보하는 것이 한 발씩 전진하는 것임을 깨우쳐줘야 한다.

법운선사가 제자들에게 이르시길,
"가령 너희가 일보전진하면 도를 잃을 것이요, 일보후퇴하면 물건을 잃을 것이다. 마치 돌멩이처럼 무지한 상황에 놓였을 때

어찌해야 하겠는가?"

"어찌해야 도와 물건을 다 잃지 않겠습니까?"

"일보를 나가는 동시에 일보를 물러서라!"

일 플러스에 일 마이너스를 하면 원 위치로 제로(空)가 된다. 현실에서는 서로의 입장을 지키면서 서로에게 이득이 되는 타협점이기도 하다. 어느 일방의 양보만을 요구하고, 어느 일방이 이를 독점하는 것은 있을 수 없다.

부처와 보살!

선(禪)이란 궁리하는 것이 아니다.
어느 사물에 정신을 집중하는 명상도 아니다.
일어나고 사라지는 사물을
단지 비추어 낼 뿐이다.

바람에
풍경소리 요란하지만
바람이 지나가고 나면
소리의 자취는 찾을 길이 없다.
일에 대응하여 움직이되
머무는 바 없이 대하라.
지나가면 모두가 자취(空)가 없는 것이다.

변한 것은 오직 겉모습뿐이다

　신불이나 사후세계나 도덕과 윤리에 대하여 깊이 생각해 본 적도 없던 어느 사장님이 계셨다. 젊었을 때부터 사업을 시작하여 날로 사세를 확장해 나가다 한 순간에 몰락하고 말았는데 이에 세상사가 허망함을 느끼고 변함없는 본질적인 것을 찾아 시간만 나면 명상을 하게 되었다. 어느 날 지인이 찾아왔다.

　"사장님! 요즘 명상에 빠져 산다는 소문이 있던데, 혹시 사업 실패로 인하여 충격을 받아서 염세적이 되었습니까?"

　"산은 산이요, 물은 물일뿐인 것이 사실이고 진리인 것 아니겠습니까. 단지 나의 생각이 변했을 뿐입니다. 자연의 본질은 변함이 없는 것입니다. 그러나 현상은 조건에 의하여 얼마든지 색다른 변화를 일으키게 되는 것과 같이 단지 나의 겉모습이 이전과 달라졌을 뿐입니다."

性(섹스)은 性(본성)으로써
승화시켜 나가야 한다

본능적인 것은 관념적인 것보다 그 힘이 강한 것이다. 어린 시절부터 절로 보내져서 공부를 하는 어린 동자승이 있다.

그러나 이들은 사춘기에 접어들게 되면 여러 가지 말썽을 부리기도 하며, 절을 벗어나든지, 공부를 하더라도 자기가 하고 싶은 전공을 하게 된다든지 하면서 수행자로서의 길을 가는 사람은 극히 일부에 불과하다.

그래서 큰 스님께서 동자승들이 사춘기에 접어들기 전에 수행자의 길을 갈 수 있도록 확고한 불심을 심어주기 위해 노력을 하시게 된다.

"재물이나 여자는 독사의 독보다 더 위험함을 명심 하여라!"
"네, 스님! 꼭 그렇게 마음에 새기겠습니다."
세월이 흘러 사춘기에 접어든 동자승이 오랜만에 도심에 나들이를 가게 되었다.

"간만에 외출이라서 모두들 흥이 났나 보구나! 너 가 보는 것 중에서 제일 마음을 끌어당기는 것이 있다면 이 스님이 선물로 하나 사주겠으니 이야기를 해 보거라."

"정말 제 맘에 드는 것을 선물해 주시겠어요, 스님?"

"그렇다니깐 그동안 한 번도 선물다운 선물을 해주지 못해서 마음에 걸렸었는데 오늘 사줄 것이니 얘기해 보거라!"

"그럼 지금 지나간 긴 머리에 짧은 치마를 입고 눈이 큰 여자 아이를 사귀고 싶으니 허락해 주세요."

"아니 벌써 너가?"

성욕이란 숨이 붙어 있는 동안은 없어지지 않는 본능적인 욕구이므로 이를 멀리하며 잊어버리고 살기는 어려운 일이다.

수행자가 이 부분을 어떻게 다스려 나가는가에 따라 수행의 성패가 결정된다고 할 수 있다. 인간의 본질적인 에너지는 하나(一氣)이다.

그러나 현실적으로 작용할 때는 셋(지성, 감성, 의지)으로 나누어진다. 수행자는 이 세 가지를 통합하여 하나의 에너지로 승화시켜감으로써 마침내 자기를 발견하기에 이른다.

마음의 등불!

용담스님이 덕산스님에게
어둠길을 밝히며 가라고 촛불을 건네니,
덕산스님이 받아 지녔다.
순간!
용담스님은 촛불을 꺼버렸다.
촛불에 의지하여 어둠을 밝히며 가려던
덕산스님은 앞이 캄캄할 수밖에 없었다.
순간!
자신의 마음속에서 밝은 등불이 켜졌다.
인간은 수많은 대상에 의지하며
한 세상을 살아간다.
어느 한순간!
자신이 의지하는 대상을 놓아버릴 때,
자신의 본성이 빛을 발하게 된다.
그리하여 아무것도 의지하지 않고
살아 있는 자유로운 사람이 된다.

통합주의자, 분열주의자

분별심을 떨쳐내고 통합을 쫓는 자, 그 이름이 참선(參禪)이고, 분별심을 일으켜서 분열을 꾀하는 자 그 이름이 번뇌 망상이다.

말과 행동이란 마음의 표현인 것이다. 현재를 과거화하여 형성된 습관이란 분별적, 분석적이 되어 통합적인 성질을 쪼개어 마침내 본질을 잃어버리게 된다.

마치 살아있는 사슴을 그대로 보는 것이 아니라 성질을 분석한다하여 칼로 조각조각 부위를 드러내는 것과 같다. 결국 사슴은 죽어버린다. 사물이나 사람을 대할 때 있는 그대로 대하는 태도가 필요하다.

그 속에는 살아있는 생명의 꿈틀거림이 있고 에너지의 역동성이 있으며 창조적 변화에 따른 기쁨이 있다. 그러나 분별의 칼에 상처 입은 사람들이 주변에는 너무도 많다.

넘어설 수 없는 숙명처럼 거대한 성벽으로까지 느껴지는 분별의 장벽에 막혀 있는 것이다. 막강한 힘을 가진 자들이 만들어 놓은 분별의 덫에 걸려 아우성을 치건만 어쩔 도리가 없을 정도로 난해한 문제가 되어 버렸다.

그래도 희망을 버리지 말고 분별의 덫을 제거하는데 나서야 한다. 그것이 불가능해 보일지라도…

임제스님이 어느 날 공부하는 스님들이 자신의 고함소리를 흉내 내는 것을 발견하였다.
이에 말씀하시기를,

"누가 동문에서 나오고, 또 누가 서문에서 나와서 동시에 고함을 질렀다고 하자. 너희는 누가 주인이고 객인지 분별해 낼 수 있겠느냐?" 이에 대중이 아무 대답이 없자
"분별할 수 없거든 앞으로는 날 흉내 내지 말 것이다!"

세상은 목소리 큰 사람이 많다. 특히나 대립하고 투쟁할 때는 더욱 목청을 드높인다. 그러나 목청이 큰 사람이 주인이 아니라 너와 나는 원래 함께 주인이라는 사실이 중요하다.

비울수록 행복하다. / 월산作

행복이란 것에 대하여

음양이라는 것이 서로 다름이고 이 다름은 서로에게 필요한 부분인 보완할 점으로써 서로를 온전하게 만들어 주는 요소가 된다. 음양의 상보성에 대한 이해에 충실할 때 서로에 대한 믿음이 생기고 정의를 실현할 수 있는 길이 열리게 되는 것이다.

음양의 개념을 대립적이며 상극적인 서로 틀린 것으로 규정하고 타도, 섬멸의 대상으로 대하게 되면 끝없는 대립, 갈등, 투쟁이 벌어진다. 이것이 인간과 인간, 사회와 사회의 통합과 발전을 저해하는 악이 되는 것이다. 여기에는 정의는 존재할 수 없고 힘으로 상대를 억압하는 불의가 설치게 된다.

한 호수에 두 마리의 물고기가 살고 있었다. 한 물고기는 상대 물고기 때문에 자신의 먹잇감이 반으로 줄어들었다는 생각을 하게 되었다. 이에 먹잇감을 독차지 하고자하는 탐욕이 발동하여 상대를 죽여 버려야 되겠다는 살의까지 품게 되었다.

이를 눈치 챈 상대 물고기는 자칫하면 목숨을 빼앗길 수도 있다는 위험을 느끼게 되었고 자신이 선수를 치지 않으면 자신이 먼저 죽게 될 것이라는 불안한 나날을 보내게 되었다. 그러던 어느 날 목숨을 건 사투가 시작되었다. 서로 물고 물리는 싸움으로 피투성이가 된 채 그 중 한 물고기는 죽고 말았다.

이제 물속의 모든 먹잇감은 살아남은 자가 독식하는 천하가 된 것이다. 그런데 이상하게도 살아남은 물고기가 병들어 죽어가고 있었다. 이유는 자신에게 물어 뜯겨 죽은 물고기가 썩어서 물이 심하게 오염된 데에 있었다. 결국 죽은 물고기와 함께 그도 죽고 말았다는 것이다.

어느 분이 천국과 지옥을 여행하고 왔다는 소문이 파다하자 많은 사람들이 그에게 몰려오게 되었다. 어느 사람은 자신이 죽을 날이 머지않았다면서 평소 자신은 죽어서 천국에 가는 것이 꿈이니 천국에 대하여 이야기를 해 달라고 하고 있었다.

또 다른 사람은 먼저간 자신의 가족이 혹시나 지옥에 가지 않았을지 걱정이 된다면서 지옥에 대해 이야기해 달라고 하고 있었다. 여행자는 서서히 이야기를 시작하였다.

먼저 지옥에 가 보니 진수성찬을 차려놓고 많은 사람들이 둘

러앉아서 식사를 하는데 손 길이가 천리나 되어 음식을 입에 넣을 수가 없어서 굶주림 속에 아우성을 치고 있었고, 천국에 가보니 어차피 자신의 손으로는 음식을 떠서 자신의 입안에 넣을 수가 없다는 것을 깨닫고 서로 상대의 입안에 넣어주며 웃음꽃을 피우고 있더라는 것이다.

사회적인 정의라는 것은 곧 행복이라는 것으로 바꿔 표현할 수 있다. 사회적인 행복은 어떻게 실현할 것인가? 그것은 서로 다른 모습을 하고 있는 상대에 대한 이해와 양보에서 시작된다. 이는 구호로써 멈춰져 있어서는 안 되며 적극적인 포용책을 추진할 때만이 가능하다.

그런데 이러한 정의의 실현은 몇몇 힘있는 자들이 해 낼 수 있는 문제가 아니라는 역사적인 교훈을 기억할 필요가 있다. 정의를 실현해 내는 주체는 힘을 가진 몇 사람에게 있는 것이 아니라 불의로 인하여 피해를 당하고 있는 자들의 몫이다.

그들 스스로 깨어나서 결집된 힘을 갖지 못하면 결국 정의는 불의한 자들의 구호로 이용될 뿐이며 힘없는 자들의 권리는 빼앗기고 착취는 계속 될 것이다.

행복한 마음은 행복을 낳고,
불행한 마음은 불행을 낳는다

행복은 자존감에서 생기는 감정이며 자기를 비움을 통해 대상에게 행복을 나눠주는 선행으로 나타난다. 대상의 즐거움을 위해서는 어떠한 불이익이나 고통도 달게 받는 자기희생을 기꺼이 감수한다.

마치 자식의 장래를 위하거나 즐거움을 위해서 자기희생을 마다하지 않고 고생하는 부모의 심정과 같은 것이다. 이에 받는 입장에서는 즐거움을 얻는 것이다.

수행자는 존재의 중심에 다가갈수록 자기 비움의 자리가 크게 확대되어가며 인연이나 세상의 행복을 위한 자기희생으로 나타난다.

선진국에서 재벌들이 재산을 사회 환원하는 것이나 가족에게 물려주지 않고 적임자에게 회사를 승계하는 미담들은 마음이 진리의 중심 쪽으로 얼마나 접근해 있는지를 읽어보게 하는 사례들이다. 마음이 진리에 근접해 갈수록 소유개념이 개인에서 공적으로 바뀌어 가게 된다. 재물이나 권력이나 지식의 역량이 어느 정도선에 이르게 되면 마치 무소유한 도인이 우주의 이치를 깨닫고 중생을 살리기 위해서 목숨 걸고 깨달은 진리를 아낌없이 나누어주게 되는 종교적인 자기희생과 같이 나타나게 된다.

그러므로 정신이나 물질적인 소유를 크게 이루게(大有)되면 그 다음 단계는 자연스럽게 그 소유한 것에 대한 철학적인 이해로 넘어가게 되어있다. 자신은 잠시 소유를 관리하다 그 소유가 온 본래의 자리로 되돌려놓는 사회적 선행을 펼치는 것이다.

모든 것은 생각하기 나름

이 세상에 태어날 때 누구나 아무 글씨가 쓰여 있지 않는 백지 한 장씩을 받아 나온 듯 하나 시간이 지나면서 알게 되는 것은 똑같은 백지가 아니었다는 사실이다.

똑같은 차가 자가용이 될 수 있고 영업용이 될 수 있고 관용차가 될 수도 있는 것이다. 겉으로 보이는 필름도 현상해 보면 여러 모양의 사진으로 현상 되듯이 타고날 때 전생의 업이 백지의 밑그림으로 이미 그려져 있었던 것이다. 업이란 '습관'을 말한다.

일정한 행동 패턴을 갖고 있는 것으로 의식적인 조절이 쉽지 않은 무의식의 힘이 은연중에 강력하게 작용하는 것이다. 그러나 '주시'의 힘을 사용하는 자에게는 고삐 풀린 망아지처럼 나대는 업력도 꼼짝 못하게 되는 것이다.

우울하다거나 화가 치밀어 오를 때 '우울~ 우울~ 우울' '화~ 화~ 화' 하면서 그 우울한 감정이나 화난 감정 속으로 들어가 버려라, 우울이나 화난 감정이 하나의 문이 되어 전체적인 마음인 공의 상태로 인도하게 될 것이다.

전체에 이르는 기법을 사용하면 기쁘고 슬프고 화나고 즐거운 기분에서 벗어날 수 있다.

두려움이 생길 때

　'지피지기 백전백승'이란 적을 알고 나를 알면 백 번 싸워서 백 번을 이길 수 있다는 말이다. 상대를 모를 때 두려움의 공포가 일어난다.

　그러나 상대를 알고 나면 두려움에서 벗어날 방도가 생기는 것이다. 두려움이 일어날 때 그로부터 도망치려 하지 말고 그냥 바라보며 그 두려움과 하나가 되어야 한다.

　나와 두려움이라는 대상이 하나가 되면 더 이상 두려움의 공포에 휘둘림을 당하지 않게 된다. 두렵다고 느끼는 대상이 있기 때문에 두려운 것이다.

　뜸을 뜨는 것으로 수행의 방편을 삼는 지인이 계신다. 한 번 뜸을 뜨면 30분 이상 맨살 위에 붉은 불이 붙어 있는 것을 보면 인내력이 대단하다는 생각을 하곤 했었다. 어느 날 지인께 뜨거움을 어떻게 참느냐고 물었다. 그 대답은 너무나 간단하였다. "참긴 뭘 참나. 그냥 그 뜨거움이 느껴지면 그 느낌을 참고 있는 것이 아니라 그 느낌을 문 삼아 그 속으로 들어가 버리는 것이지 그러면 또 다른 세상이 나오지."

인간은 몸이 아프면 몸으로부터 도망치려 하고, 삶이 고통스러우면 그것으로부터 벗어나려고 하고, 사람과의 갈등이나 원망 등이 일어나면 그 사람으로부터 떠나가려고 하는 심리를 갖고 있다. 그러나 이 세상을 살아가는 동안 함께 동행하며 풀어가야 하는 동반자 같은 것이기도 하다. 그러므로 자신의 삶속에 일어나는 모든 것을 전체적으로 수용하며 함께 흘러가라.

생각이 씨가 되어

씨가 싹이 되고 싹이 줄기가 되며 줄기가 꽃이 되듯이 하나의 작은 것이 쌓여 마침내 큰 것을 이루게 된다.

바닷가 모래알이 모여서 해변을 이루듯 넓은 바다도 그 시작은 잎새 위에 하나의 물방울이었다. 의상대사의 '법성게' 말씀에 의하면 하나의 먼지 속에 우주가 들어 있다는 것도 그런 맥락이라 할 것이다.

낱말이 모여 구절이 되고 구절이 모여 문장이 완성되듯이 당신이란 존재는 이 자연과 세상 속에 없어서는 안 될 소중한 '하나'이다. 비록 현실적으로 왜소하고 약해진 당신이라도 당신이 없이는 자연도 세상도 빛을 읽게 되는 것이다.

당신이 살아 있어야 할 존재이유가 바로 여기에 있다. 당신은 모든 것의 축소판이며 모든 것은 당신의 확대판이다.

배고프면 먹고 졸리면 자라!

기도를 통해
온갖 망상과 생각들을 효과적으로 다스리려면
한 가지 일에 집중하는 습관이 중요하다.
매 시간 자신에게 주어진 일에
집중하는 훈련이 필요하다.
생활 속의 이러한 훈련이 기도에까지 이어져야
효과적인 기도가 된다.
생활이 헝클어져 있으면서
기도를 성공적으로 할 수는 없다.
생활이 바로 기도요, 기도가 바로 생활이다.
이 원칙을 지키지 않으면
한평생 신께 기도해도 응답받을 수 없다.

기도!

목숨을 조여 오는
모진 운명 앞에
길게 억누름을 토해 내고,
절망의 장벽을 육탄으로 치고 나가는
몸부림이기도 하다.

신이나 부처님의 보살핌은
빛이 보이지 않는 절망속에서
한줄기 희망의 빛으로
당신을 인도하게 된다.

누구나 기회는 있다

인생은 누구나 한 번은 성공할 수 있는 기회를 가지고 살고 있다. 그 단 한 번의 성공의 문을 한 걸음으로 활짝 열고 들어가는 사람이 있는가 하면 서너 발 자국을 걸어 나가야 가능한 사람도 있다. 그 이유는 타고난 복력의 차이에 있다.

이를 타고난 '분수' '분복' 이라고 한다. 이것은 사람의 능력이나 인간적 자질하고는 상관이 없다. 그러므로 성공을 놓고 시샘하고 억울하다는 생각에 속상해 말아야 한다. 일곱 번의 실패가 있었다 해도 여덟 번째 시도를 멈추지만 않는다면 누구나 단한 번의 성공 기회를 만날 수가 있다. 그러므로 일에는 몇 번의실패가 있어도 인생에는 실패가 없는 것이다.

어느 사람이 여러 번의 사랑에 상처가 있었다 해서 그 인생이실패한 것이 아니라는 뜻이다. 그에게는 자신이 포기만 않는다면 새로운 사랑을 할 수 있는 기회가 주어져 있다. 누구에게나 한 번의 성공기회는 주어져 있다. 삶의 과정이란 그 성공을 향한 계속되는 도전이다.

기도!

한 가지 대상에 마음을 집중하는 것!
이 때 습기에 따른 혼침(잠)과
열기에 따른 생각(망상)이
기도자를 괴롭히게 된다.
잠시만 방심하면
잠에 떨어지거나
잡념에 꺼둘려 다니게 된다.
생각은 불길같이 위로 오르고,
잠은 깊은 바닷속에 휘말려 들어가듯 빠
져든다.
염불이라는 방편줄을 꽉 잡아야
생(번뇌)과 사(졸음)의
긴-강을 건널 수 있다.

목마르거든 우물을 파고,
배부르거든 염불하자

우리말에 '놀자니 염불한다' 라는 말이 있다. 길을 가다가 막혀있으면 길을 찾아 방향을 찾아나서야 한다.

흐르던 물길이 막히면 스스로 물길을 내어 흐르듯이 우리네 인생길도 막히면 가던 길을 멈추고 새 길을 찾아나서야 희망의 세상을 살 수 있다.

숙명이니 운명이니 업장이니 하나님의 뜻이니 하는 알지도 못하는 것으로 자신의 처지를 합리화하며 체념 속에 살아서는 안 된다.

몸에서 피가 돌다 혈관이 막혀 뇌출혈로 쓰러지는 것을 보고서 당신은 업장이니 하나님의 뜻이니 하며 그대로 방치해 둘 것인가? 아니면 응급처치를 하고 막힌 혈관을 뚫는 치료를 받게 할 것인가? 길이 막히면 스스로 뚫어 길을 찾아 흐르는 것이 자연의 이치이듯이 길을 찾아 행동함이 자연스러운 것이며 업장 소멸의 길이며 하나님의 뜻을 실천하는 것이다.

막히면 뚫고 뚫렸거든 흐르면 되는 것이니 막힌 자는 기도하고 뚫린 자는 염불 노래를 불러야 한다. 칭찬에는 돌고래도 춤을 춘다고 한다. 슬픈 일에는 위로하고 기쁜 일에는 축하하며 함께 마음을 나누며 사는 것이 인생이다.

자기나 이웃의 슬픔을 해소하기 위해서는 기도를 하고 반대로 기쁨을 나누려거든 염불을 하면 된다. 염불은 신이나 부처님의 이름을 부르거나 깨달음의 기운이 응집된 '진언'을 염송(노래하듯 외운다)하는 것을 말한다.

그러므로 염불은 신을 찬송하고 인간 내면의 신성, 불성의 발현을 가능케 하는 것으로 인간의식의 변형이나 초월(열반)을 가능케 하는 '마음작법'이기도 하다. 염불을 꾸준히 하면 마음이 불성으로 충만하여 기쁨을 누리게 된다.

당신은 사찰 안 대웅전에 앉아 계신 불성이 충만한 부처님의 미소를 본적이 있을 것이다. 부처님이 영산모임에서 대중들이 다 보는 가운데 연꽃 한 송이를 들어 보이셨을 때 제자 가섭이 미소를 지었다던 그 미소를 당신도 똑 같이 지을 수가 있는 것이다.

염불!

즐겁고 기쁘고 만족스러운
행복한 미소를 지을 수 있다.
아기는 배고프면 울고,
배부르면 천진스럽게 놀며,
태평스럽게 잠을 잔다.
삶이 힘들면 기도하고,
기쁘면 염불하자.
매일 매일 부처님처럼 살지는 못해도
위로받고 싶을 때는
신명나게 콧노래 부르며
염불노래 불러보자.

모든 것은 더불어 살아간다.
일체를 초월한 부처님도 중생이 없으면 존재의미가 없다.
/ 월산 作

나는 너들을 위하여 존재할 뿐이다

세상을 살아가면서 이웃의 삶에 관심을 갖고 그들의 고충에 귀 기울이는 것을 '관세음보살'이라고 하고 그들의 입장에서 생각하며 이해하고 포용하며 함께 살아가는 것을 '지장보살'이라고 하는 것이다.

관세음과 지장이라는 뜻을 음미해 보면 과연 그렇구나하는 수긍이 갈 것이다. "이웃을 네 몸같이 사랑하라?"는 말씀이 바로 그것이다. 자신 혼자 기뻐하고 행복 하라는 성인의 말씀은 단 한구절도 없다.

구멍 속에 틀어박힌 뱀의 길이가 얼마인지는 밖으로 꺼내서 봐야 알 수 있듯이 행복이란 이웃이 살고 있는 사회속에 드러내서 기쁨을 나눌 때 가능한 것이다.

주한 미대사(1993~1997)를 역임한 '제임스 레이니'는 정치가요 목사요 학자였다. 임기를 마치고 '에모리' 대학 교수가 되어 건강을 생각하여 대학까지 걸어서 출퇴근을 하던 어느 날 외롭게 보이는 한 노인이 눈에 들어왔다.

그래서 다가가서 인사를 나누게 되었고 그 이후로 노인의 말벗이 되어드린 지도 2년의 세월이 흘렀다. 그러던 어느 날 항상 보이던 노인이 보이지 않아서 걱정이 되어 집으로 찾아가게 되었다. 거기서 그는 하루 전날에 노인이 돌아가셨다는 사실을 알고 장례예식장으로 가서 고인의 영면을 기원하며 유족을 위로하게 되었다. 그리고 돌아가신 노인께서 코카콜라 회장을 역임한 돈 많은 분임을 알게 되었다.

그 순간 상주 중 한 분이 다가와서 "회장님께서 교수님께 전하는 유서이니 받으세요." 하는 것이었다. 유서 내용에는 "당신은 2년여 동안 집 앞으로 지나면서 나의 말벗이 되어 준 친구였소.
우리 집 뜰의 잔디도 깎아주고, 함께 커피도 마셨던 나의 친구 〈레이니〉에게 …고마웠어요. 나는 당신에게 25억 달러와 〈코카콜라〉 주식 5%를 유산으로 남깁니다." 라고 되어 있었다.

레이니 교수는 이 많은 돈을 자신이 몸담고 있는 대학 발전기금으로 기부하였으며 그 공로를 인정받아 대학총장의 자리에 오르게 되었다. 난 이 두 사람의 미담이야 말로 우리 곁에 살아 있는 관세음보살. 지장보살이라는 생각이 든다. 인생을 살아가는 법을 아는 두 거인에게 애도와 존경의 마음이 우러나오며 고개가 절로 숙여진다.

'나' 는 존재하지 않는다. 오직 '우리' 만이 존재할 뿐이다. 내 자신이 이 세상을 살아가는 의미는 '우리' 들의 행복을 위함에 있다는 것을 명심할 필요가 있다.

허공장보살 마하살!

당면한 현실이
자신의 양 어깨를 짓누르고
가슴을 꽉 조여 올 때에는
두 눈을 감고 길게 한 숨을 토한 다음에
마음속에 끝없이 펼쳐져 있는
허공을 생각해 보라!
현실의 억압으로부터 벗어날 수 있을 것이다.
허공이란
시작과 끝이 없으니
의식의 초점을 한 곳에 둘 수 없는 존재이다.
허공이란
인간 마음의 성질과 상통하므로
허공을 생각하는 것만으로도
자기 본 성품으로
돌아가는 것이 된다.

길게 숨을 토하고 다시 한 번을 외치자!

인생은 예기치 않는 수많은 상황과 마주하며 절망할 수도 있다. "신은 견딜 수 있는 고난만 주신다."는 말씀이 있다. 그러나 현실은 꼭 그렇지만도 않다. 자신이 겪는 충격을 흡수할 수만 있다면 그 고난은 도리어 재충전의 계기가 되지만 충격을 흡수치 못하면 꺾이고 무너질 수 있다.

지진으로 땅이 갈라지고 건물이나 가옥이 무너지는 것은 지진에 견딜 수 있는 내진설계가 되어있지 않기 때문이다. 침체된 경기흐름의 영향으로 회사가 무너지고 국민경제에 심각한 타격을 입는 것은 위기 대응력이 취약하기 때문일 것이다. 외부의 변화를 쫓아 살아나온 사람은 주변 환경변화에 민감하게 반응한다.

그러나 수행을 하는 사람은 마음에 동요가 크지 않다. 자신의 행복과 불행이 밖의 조건에 있는 것이 아니라 오직 마음에 달려 있기 때문이다. 수행자는 외부의 충격이 도리어 수행에 필요한 에너지로 활용 될 수 있도록 자신의 마음을 관리하고 있다. 마음이 현실을 만들어 내는 메커니즘이라는 것을 이해하고 수행하는 사람은 절대 미친 사람이 될 수 없다.

　그는 현실에 집착하는 마음을 거두고 초연해지는 것에 숙련이 되어 있고 스펀지처럼 자극을 흡수하기도 하고 방출하기도 하는 자유로운 사람이기 때문이다.

하늘보다 높은 부처님의 은혜! / 월산 作

원생(願生)과 업생(業生)의 차이

> 원생은
> 이타행의 생활습관이요,
> 업생은
> 이기적인 생활습관이다.
> 원생은
> 은혜와 감사의 마음이 따르고,
> 업생은
> 시샘과 증오의 마음이 따른다.

 자연의 법이란 생명체가 탄생하여 성장해가다 마침내 소멸하게 된다. 그리고 다시 탄생의 과정을 반복하게 되는 것이니 '콩 심은데 콩 나고, 팥 심은데 팥 난다.' 는 인과응보의 진리가 바로 그것이다.

 그러므로 자신이 하는 행동에는 그에 따르는 책임을 반드시 지고 살게 되어 있으니 자작자수(自作自受), 자업자득(自業自得)

하는 인생사인 것이다. 중죄인이 권력의 힘으로 그 책임을 교묘히 빠져나간다 해도 민심(天心)이 이에 수긍하지 못하면 자연재해 같은 천벌을 당함을 피할 수 없게 된다.

자연의 법칙은 꼼수가 통하지 않는다. "이놈아! 하늘을 속여라!" "천벌을 받을 놈 같으니!"란 욕은 그래서 만들어진 것이다.
어느 날 참선을 하러 다닌다는 분이 스님께 묻는다.
"석가모니께서는 윤회를 인정치 않으셨다면서요? 그런데 천도제로 극락에 태어나도록 도와준다고 하는 이유는 뭐지요?"

이에 대하여 스님이 대답하기를 "여기 땅이 여섯 덩어리가 있습니다. 이 말은 땅이 여섯 덩어리로 쪼개져서 땅 주인이 여섯 사람이라는 뜻입니다. 그래서 각각의 경계를 표시하는 철조망을 쳐 놨습니다. 그래서 서로의 구역을 자유롭게 드나들 수 없게 되었습니다.
이러한 땅을 그 중 유력한 한 사람이 사들여서 한 덩어리를 만들어 하나의 등기로 만들었습니다. 이는 처음의 상태는 내 것과 네 것으로 마음이 개체화되어 나누어 있던 것이요 나중의 상태는 마음이 통합되어 전체가 되어 버린 것을 비유합니다.
자연의 현상, 사회현상, 개인의 살아가는 일들이나 정신적, 영적현상이라는 것이 하나하나에 집착하는 마음으로 보면 개체적으로 분할되어 존재하지만 분별없이 하나라는 단위로 묶어서 전체적으로 보면 여섯 경계가 없어져서 하나의 땅덩어리가 되어 자유로이 걸어 다닐 수 있는 것과 같습니다.

기도가 수행으로 발전하여 자연세계의 주인이 되는 과정도 이와 같습니다. 어리석은 자는 경계의 그물에 걸려서 꺼둘려 다니고 지혜로운 자는 경계의 그물에서 벗어나서 자유롭게 여섯 구역을 드나들게 됩니다.

전자는 업력에 끌려 인과응보를 주고받으며 살아가는 업생(業生)이고, 후자는 자신이 세운 모든 이의 행복을 위한 큰 원 따라서 살아가니 이를 원생(願生)이라고 말씀드릴 수 있습니다.”라고 말씀하시는 것이었다.

> 업생(業生)하는 중생은
> 육도윤회하고,
> 원생(願生)하는 깨달은 도인은
> 육도윤회 속에
> 스스로를 드러내서
> 고난의 십자가(十字架)를
> 짊어진다.

절망을 딛고 희망의 향을 사루라

'산 넘고 물 건너' '산 넘어 산' 이라는 말이 있다. 절망의 끝이 보이지 않고 어려움이 계속될 때 하는 말이다. 주변에 답답함을 하소연 할 때도 없고, 몸 하나 의탁하지 못할 지경이 계속되면 천길 낭떨어지 위에 선 기분이 들 것이다.

지푸라기라도 잡는 심정으로 탈출구를 찾지만 복 없는 사람에게는 절체절명의 순간에도 길이 쉽게 드러나 보이지 않는 것이다. 그래서 필자는 기도도 복이 있어야 한다는 말을 평소에 자주 하곤 한다. 전생에 기도할 수 있는 인연의 씨가 뿌려져 있어야 하는 것이다.

불교는 이를 인연중생(因緣重生)이라고 한다. 모든 일에 인연이 있다는 것이다. 죽을 운명에 떨어져도 기도할 마음을 내면 그는 절망의 구렁텅이에서 희망의 고기를 낚아 올릴 수 있다.

죽고 싶을 정도로 마음이 고통스러우면 가까운 사찰에 들러 대웅전 한 가운데 앉아 있는 부처님을 쳐다보라! 향을 하나 사

204

루어 향로에 꽂아 두고 부처님께 엎드려 절을 해 보라! 이 때 당신의 두 눈과 가슴속에서 아무런 변화가 일어나고 있지 않다면 당신은 아직 부처님의 자비의 손을 잡을 때가 이르지 않았다고 할 것이다.

소나기 같은 눈물을 쏟아내고
가슴은 활화산이 터져 올라
희뿌연 하늘이 뻥 뚫려서
푸른 하늘색으로 환하게 보여 지게 되는
변화가 생긴다면
당신에게는
부처님의 자비의 손길이 뻗치고 있는 것이다.

단지 불상을 바라보는 것만으로도 놀라운 변화를 경험할 수 있다면 절망이 희망으로 바뀌게 될 것이다. 요즘 주변에 보면 자살을 하는 사람이 많은 것 같다. 최근에 내 주변에서도 그런 경우를 자주 목격하곤 한다. 자살을 감행하는 사람의 심리는 무엇인지 잠시 생각에 잠겨본다. 그것은 두 발을 딛고 설 마음의 땅이 그들에게는 없었던 것이다.

천 길이나 되는 장대 끝에 두 발을 딛고 서서 그들은 절망하고 있었으나 그 누구도 그들의 손을 잡아주지 못하였던 것이다. 자신의 존재감을 잃어버렸을 때 인간은 절망하며 죽음을 생각하게 된다.

유행가 중에 설 운도님의 "잃어버린 삼십년" 이라는 노래가 생각난다. 남북 이산가족 상봉 때 대 히트를 쳐서 그를 무명에서 한순간에 유명가수가 되게 해준 노래이다. 이 노래에는 묵은 한을 토해내는 힘이 실려 있다.

이렇듯 유행가도 심금을 울리는데 하물며 불보살님의 이름을 부르고 염불을 하는 것이야 두 말 할 필요가 없는 것이다. 다생 겁래로 지어온 죄업(잘못된 습관)으로 겪는 현실의 고통에서 벗어날 수 있는 계기를 마련할 수 있을 것이다.

가까운 사찰에 가서 부처님께 향을 사루며 부처님의 이름을 부르면서 엎드려보라! 분명 부처님의 음성을 마음속에서 들을 수 있을 것이다.

산속에 물이 흐르고
물속엔 산이 멈춰 서 있다

산은 멀리서 바라보면 윤곽이 뚜렷한 것이 '山' 자 형상을 지녔다. 그 가운데는 온갖 나무와 약초들과 동물들과 기암괴석과 계곡들이 있다. 그러나 하나하나를 나누기 시작하면 산의 형상은 곧 전체적인 성질을 잃어버리게 된다.

인간의 마음은 사물 하나하나를 챙기다보면 전체성을 잃어버리게 된다. 그러나 전체적인 안목을 유지하는 노력(수행)을 하다 보면 개개의 사물은 그 가운데 감싸 안고 있는 것이다.

청춘남녀가 연애할 때는 상대를 전체적으로 본다.
상대의 성분을 하나하나 분석하며 옳고 그름을 따지고 손익 계산을 하지 않는다. 걱정스런 어른이나 지인들의 충고에 대하여 쓸데없는 잔소리나 간섭이라고 여기며 귀를 막아 버리기도 한다. 그래서 이 시기를 눈에 콩깍지가 씌었다고 하는 것이다. 그들의 눈에는 상대가 예쁘고 멋있지 않은 것이 없다. 어찌 그런 마음들이 되는지 생각할수록 신비롭기까지 하다.

서로에게 심각한 문제점이 있다 해도 피하려 하지않고 적극적으로 끌어안고서 해결해 나가려고 한다. 사랑하면 삶 자체가 혼자일 때하고는 전혀 다른 전체적이 되어버린다.

그 모습은 흡사 교만한 자기를 내려놓고 신께 자신의 모든 것을 봉헌하는 신앙인과 같으며, 여기에는 수세기 동안 인류의 심금을 울리는 예술 작품을 감상하는 듯한 감동이 있다. 말 한마디 한마디에 놀라움과 신비를 느끼게 하는 시인이 따로 없다.

이렇듯 사랑하는 힘은 자기라는 개체성을 증발시켜 버리는 핵폭탄 같은 위력이 있다. 전체적이 된 그들은 이 세상에 이해되지 않는 것이 없고 불가능한 것이라곤 그들 사전에는 없다.

심지어 죽음도 두렵지 않은 것이다. 죽음도 초월해 있기 때문이다. 사람이 전체적이 된다는 것은 이렇듯 인간의 마음을 변형시키고 초월시켜 버린다. 이러한 사랑도 결혼이라는 제도 속에 들어오게 되면서 자식을 낳아 가정을 꾸려나가면서 전체적인 마음이 균열을 보이게 된다.

생활 속 이모저모를 챙기기도 하며 둘이 바라보던 입장에서 둘 아닌 여럿이 대상이 될 때 마음은 이리저리 분열상을 면치 못하게 된다. 둘일 때는 하나의 빛이었다면 가족과 주변 친지들이 생김으로써 빛이 프리즘을 통과하면서 여러 색깔로 나뉘게 된 것과 같다.

이제 각각의 색깔 사이에 서로들 다른 색깔이 차간막이 되면서 색깔논쟁이 발생하기 시작한다. 사랑의 빛이 조각조각 파열음을 내면서 깨어져 나가며 인내의 한계를 경험하게 되고 심신은 지치고 병이 들어가게 된다.

이 때 기도는 현실속에서 전체적인 마음을 잃고 병들어가는 자신에게 본래 자신의 참 모습이 무엇인지 일깨워 준다. 불교든 천주교든 이슬람이든 또는 수행단체에 몸을 담은 사람이든 모두 본래는 빛으로 이 땅에 왔다는 사실을 알아야 하며 죽어 돌아갈 자리 또한 빛이라는 사실을 잊어서는 안 된다.

진리를 깨닫기 위한 수행의 길은 개체성을 소멸하고 전체적이 되는 길 곧 대자대비(사랑)의 실천행이다. 그것은 자타일체의 안락을 위해 봉사하고 나아가서는 헌신의 삶이기도 하다.

인간은 누구나 그 마지막은 다 내어놓는 죽음이라는 의식을 보여준다. 그러나 수행이 없는 일반인들은 죽음이 그의 모든 소유를 빼앗아간 것일 뿐이다. 그러나 평소에 무소유한 정신을 실천해 오면서 비우고 나눔의 수행과 사회적 선행을 실천해 온 사람은 죽음의 의식을 통해서 육신마저 비우고 버려서 원래 왔던 빛으로 돌아가는 것이다.

"아제 아제 바라아제 바라승아제 모지 사바하!"

버려라!

버려라!

또 버려라!

버렸다는 마음마저 버려라!

바로 그 자리!

모든 길은 정상을 향해 있다

"자비광명 비추는 곳에
연꽃송이 피어나고,
지혜의 눈으로 바라볼 때
모든 지옥 사라지네.
하물며 대비신주 신묘한 힘 더해지면,
모든 중생 찰라 사이에
부처님의 법 깨달으리라."

전통적으로 염불은 아미타불 명호를 부르는 것이 주가 되어
왔다. 칭명을 통해 집중력이 강해지고 한 곳에 집중된 마음이
흔들림이 없어지면 자성이 스스로 지혜의 빛을 발휘하게 되는
것이다.

명상가나 참선인의 수행법이라 해서 특별난 것이고 불보살의
서원력에 의지하여 수행한다고 해서 근기가 낮은 사람들이나
하는 것으로 치부하는 것은 잘못된 태도라 할 것이다.

화두를 든다는 자체가 바로 방편을 의지하여 수행하는 것이다. 위빠사나, 염불, 화두 모두 수행의 요체인 멈추고(집중), 밝히(지혜)는 공부인 것이다. 조잡스런 물질은 몸을 사용하든 정밀한 의식을 사용하든지 육경(六境:색성향미촉법) 이라는 자연의 현상 중 어느 하나를 방편으로 사용하는 것이다.

어느 도인이든
도를 깨치는데 방편 없이 깨칠 수는 없다.
참선은
특별히 우수한 사람들이 하는 공부법이고
염불은
수준 낮은 사람들이 한다는
차별을 버려야 한다.
도는 차별이 없고
부처는 분별이 없으며
행복은 모든 이의 것이다.

지혜의 빛은 순수속에

흙으로 지어진 토인(土人)이라도 숨을 쉬게 되면 사람이 되지만 숨이 떨어지면 한 줌의 재가 되어 흙으로 돌아가는 것이다. 생물학적인 인간이라도 정신의 힘이 깃들게 되면 오색찬란한 사리를 만들어 내게 된다. 사리는 물질과 정신이 만나서 이루어진 정묘하고 신령스런 과실인 것이다.

코란 숨이 드나드는 통로이다. 음식물은 며칠을 굶어도 생명에 지장이 없다. 물도 며칠을 마시지 않아도 죽지는 않는다. 그러나 숨은 단 몇 초만 쉬지 않아도 숨이 막혀오고 죽게 된다.

그래서 숨 쉬는 호흡은 바로 목숨(생명)인 것이다. 부처님이 바라보시는 생명관은 '숨을 내쉬고 들이쉬는 사이'에 있다. 전통적으로 모든 수행법은 생명활동인 호흡에 주안점을 두고 이루어져 왔다. 위빠사나, 단전호흡, 명상, 염불, 기도들이 모두 그러하다.

인간의 의식은 시간이 지나면서 현재의 과거화로 구태에 질리게 되어 있고 이에 새로운 것을 좇아서 변화된 입맛을 채우려고 바람의 심리를 따라 이리저리 옮겨 다니게 되어 있다. 그러나 이 세상에 그 무엇도 시간의 흐름을 벗어나 변하지 않는 것이 없으니 변화를 좇는 인간의 바람의 심리는 결코 만족을 얻을 수 없는 것이다.

그러나 당신 앞에 보여 지는 사람이나 물건이나 어떠한 자연 현상이 화두, 염불, 기도의 제목이 될 때에는 크나큰 변화가 일어나기 시작한다. 마치 흙으로 만들어진 사람이 살아서 움직이는 생령이 되듯이 커다란 변화를 체험하게 된다.

그것은 인간의 정신이 집중되면 하찮은 물건이라도 자연의 신비가 깃들게 되는 것과 같다. 아니 이미 그러한 것을 모르고 지나쳤는데 마음이 집중(정성) 됨으로 해서 그 의미를 알게 된 것이다. 그리고 그러한 신비를 알게 된 당신은 이미 신비로운 존재가 되어 있는 것이다. 견물생심(見物生心)이란 말이 있다. 어떠한 사물을 보게 되면 그 사물에 대한 마음이 일어난다는 것이다.

그러므로 부처를 보고 살 것인지 아니면 돼지를 보고 살 것인지는 오직 당신의 마음에 달려있다.

절망이란 없다!

"내일 지구에 종말이 올지라도
나는 한 그루의 사과나무를 심겠다." 는
스피노자가 떠오른다.
내일일은 내일고민하고
오늘 일은 오늘 하라!
당신의 마음 밭에
사랑(대자대비), 평화, 행복, 자유, 영원,
웃음 등의 씨를 뿌린다면
그 열매또한
당신이 추수하게 된다.
현재에 충실하는 당신에게
내일의 종말이란 존재하지 않는다.

창조와 파괴

　세상을 살아가면서 긍정하는 태도는 창조적 변화에 의한 기쁨을 추수하게 하고 부정적인 태도는 시기, 질투, 대립, 분열, 싸움을 겪게 한다. 삶을 긍정 또는 부정으로 나누게 하는 것은 자연의 법칙이 음(어두움)과 양(밝음)이라는 두 갈래 중 어느 한 쪽에 설 것을 강요하기 때문이다.

　착한 것 악한 것, 바른 것 굽은 것, 아름다운 것 추한 것, 정신적인 것 물질적인 것, 육체적인 것 영혼적인 것, 현실적인 것 본질적인 것 등으로 나누는 이분법적 태도에 있다.

　세상을 하나로 아우르며 바라보는 통합적인 태도는 우리의 삶을 새로운 차원으로 승화시켜 나아가게 하지만 부정적인 태도는 세상을 파편처럼 나누어 바라보게 하여 삶을 무기력하고 피폐하게 하며 몸과 마음을 병들게 한다.

　염불수행이란 통합을 지향하는 것이며 현실이 아무리 절망적이라 해도 희망을 만들어 내게 한다. 세상에 존재하는 그 어떠한 것도 진실된 모습을 갖고 있다는 성현의 가르침은 보이는 것 들리는 것 생각하는 것 느끼는 것 그 자체로 전체적이며 통합 으로 들어가는 문이 되니 정성스럽게 귀 기울여 관심을 가져야 한다.

부처는

중생이 호소하는

마음속 고통소리에 귀 기울이고

사회지도자는

민초들의 아우성에 귀 기울여야 하며

중생은

고통스런 세상에 태어난 것에 대한

근본적인 해결을 위한

수행에 몰두하며

편 가르는 분열적 태도에서 벗어나서

통합적으로 바라보는 마음을 가져야 한다.

동양철학이나 모든 종교의 가르침에는 '삼의 원리' 라는 것이 있다. 하늘과 땅 그리고 사람, 위와 아래 그리고 중간, 과거와 현 재 그리고 미래, 서론과 본론과 결론, 불법승 삼보, 성부와 성자와 성신 등이며 인식의 주체와 대상 그리고 관계 등이 이에 해당한다. 이 셋은 셋이면서 하나이다. 그러므로 하나를 알면 나머지 두 개는 자연히 알게 되게 되어 있다. 마치 뫼비우스의 띠와 같이 한 줄을 타고 들어가면 그 교차지점을 통과해 상대편으로 넘어가더라도 그 한 줄로 이어져 있는 것이다.

염불수행을 하다보면 천지와 만물 그리고 인간이 하나의 선상으로 이어져 있다는 전체적인 인식을 하게 된다. 그러므로 보이는 사물들, 들리는 소리들, 숨소리, 혀끝에 느껴지는 맛, 손과 발에서 느껴지는 느낌들, 그리고 의식속의 생각 등 하나하나가 전체적인 의식을 갖도록 이어져 있는 것이다.

'일상이 곧 도' 라는 것은 깨달음이 이미 생활 속에 들어와 있는데 우리가 이를 자각하지 못하고 산다는 것이기도 하다.

이제 각각의 사물과 하나되고 소리와 하나되고 숨소리와 하나되고 맛과 하나되고 느낌과 하나되고 생각과 하나되어 너나가 다름 아닌 하나라고 자각하는 데까지 나아가야 한다. 그러한 자각을 가능케 하는 방편 중 하나가 바로 염불수행이다.

짚신 세 벌!

짚으로 새끼를 꼬아 짚신을 만들어서 시장에 내어다 파는 무식한 장사꾼이 있었다. 어느 날 스님을 찾아뵙고 묻기를,

"스님! 부처가 무엇입니까?"
"즉심시불(卽心是佛)입니다."
"짚신 세 벌이라니요?"
"즉심시불이라 했습니다."
"아! 짚신 세 벌이 부처님이시구나!"

장사꾼은 그 이후로 시간이 날 때 마다 '부처님이 짚신 세 벌?', '짚신 세 벌이 부처님?' 이라 생각하고 살게 되었다.

자신이 짚을 꼬아 새끼줄을 만들어 짚신을 만들 때는 물론이거니와 자나 깨나 '짚신 세벌이 부처님이라니?' 하는 의문을 가지게 되었다. 의문은 또 의문을 낳더니 이윽고 그 의문 속에 빠져 버렸다.

그리고 세월이 흐른 뒤 마침내 도를 깨닫게 되어서 '짚신 세 벌'이 다름 아닌 즉심시불(卽心是佛)이라는 사실을 알게 되었다. 말이나 문자를 분석하려는 태도는 마음을 분열시켜서 본질에서 멀어지게 된다.

하나의 의문이 꼬리에 꼬리를 물고, 하나의 명호(예로 관세음보살, 지장보살)나 진언(예로 육자대명왕진언, 광명진언, 신묘장구대다라니 등)이 끝없이 이어져 나가면 처음에는 하나의 파동이 일어나지만 시간이 흐르면서 수많은 파동이 메아리치게 된다.

의문이나 소리가 깨달음 자체가 되어 버리는 것이다. 그래서 수행자들이 깨달음을 위해 화두를 챙긴다든지 염불수행으로 불보살님의 명호나 진언을 외우는 것 자체가 바로 깨달음(지혜)을 위한 노래인 것이다.

자유를 위한 진리

물질적으로 보면 인간은 흙으로 만든 것이나 다름없다. 280일 동안 어머니 자궁(어두움)속에 있다가 출생의 고통을 겪으면서 세상에 나오자마자 대기와 호흡을 시작하면서 세상의 일원이 되는 것이다.

"흙으로 사람을 지으시고 코에 생기를 불어넣으니 사람이 생령이 된지라" 라는 성경 말씀은 종교적인 수사를 사용하여 표현한 것이다. 동양에서는 인간을 '만물의 영장' 이라고 한다. 만물 중에 사람은 영성(불성) 덩어리요, 인간이 만물 중 으뜸이라는 것이다. 이유는 수행을 통해서 자연이 짓는 창조의 원리를 알고 만물과 인간의 간섭으로부터 자유로울 수 있기 때문이다. 이 작업은 오직 인간만이 할 수 있는 일이다.

이 세상 만물과 사람을 부분적으로 보면 별개로 특징지어져 있다. 키, 몸무게, 얼굴, 피부색깔, 목소리, 성별, 생각, 태어난 지역, 출생가문, 출신학교, 종교적 신앙, 국가 등 모두가 다르다. 그러나 전체적으로 보면 통합된 하나의 상을 보이고 있는 것이다.

작은 단위로 쪼개서 볼 때 있었던 사실도 큰 단위에서 내려다 볼 때에는 하나 속에 묻혀버리는 것이다. 분열과 대립과 투쟁은 세상을 바라보는 작은 단위에 집착된 속 좁은 생각에서 비롯되는 것이다.

우리나라만 해도 작은 땅 덩어리 위에서 일어나는 모습을 보면 딱하기 한량없다. 영호남 지역 문제, 정치적인 성향에 따른 보수와 진보 문제, 기독교와 불교의 종교문제 등은 정치권력이 자신들의 기득권을 유지하기 위하여 힘 있는 기관들을 사유화하며 백성들을 우민화 시켜온 과정의 산물들이다.

한국사회를 심각하게 병들게 하는 이러한 문제들도 세계무대로 시야를 옮겨 놓으면 한 없이 펼쳐진 바닷가의 모래알 중 하나 정도로 가볍게 생각하며 그 심각성에서 벗어날 수 있다. 더 나아가서 광대한 우주가 관심의 중심으로 들어오게 되면 지구라는 무대도 밤하늘에 무수히 반짝이는 점같이 작은 존재에 불과한 것이다.

눈을 붉히고 목소리를 높여가며 치고받고 할 이유가 초라하기 짝이 없는 것이다. 사찰에 가면 대웅전에 앉아 계시는 부처님은 우리가 어떠한 고민거리를 풀어놓아도 미소로써 응대하고 계시는 것을 볼 수 있다. 부처님의 관심사는 광대무변한 우주이며 그의 의식 또한 우주적인 차원의 사고를 하는 존재인 것이다.

'이 불쌍한 중생들아! 땅따먹기 그만하고 속 좁은 마음의 함량을 키우거라! 마음을 비우고 속 좁은 생각들을 죽이고 대인다운 마음을 가져보거라!' 고 부처님은 무언중에 말씀하고 계신다.

합기도 7단의 할아버지에게 이제 초등학교 갓 들어간 손자 녀석이 운동을 한다하여 도장을 들락거리더니만 엊그제 승단심사에 통과하여 1단의 자격을 얻었다고 하면서 의시되는 것이다.

그래서 할아버지가 손자에게 한 번 겨루어보자고 제의하게 되었다 하자, 이 두 사람사이에 승패는 아무런 의미가 없다. 할아버지는 그냥 손자와 함께 합기도를 즐기는 것일 뿐이다.

눈앞의 이곳에 꺼둘려 죽기 살기로 살아왔던 삶의 현실에서 잠시 휴식하고 주말에 등산하며 정상을 밟는 것이 왜 가슴을 뻥 뚫은 듯 시원함을 느끼게 하는가는 세상을 바라보는 시야를 높이고 넓힌 것에 있다.

소 망

삶의 현장이 비록
투전장(鬪戰場)같은 진흙 밭이라도
마음만은 활짝 열고
푸른 하늘을
가슴에 품은
한 송이 연꽃같이
해맑은 삶이되어지길…

사람이 창조적이 될 때

사람이 하나의 주제에 몰입하여 에너지를 쏟아 붓게 되면 일체감 속으로 들어가게 된다. 그는 홀로 이지만 전체적이다. 창조적이 아닌 습관적으로 주어진 것을 받아들이게 되면 물질과 육체에 집착하게 되어 소유욕이 발동한다.

그리고 보다 많은 것을 축적하는 가운데 문제들이 생겨나는 것이다. 사람은 도덕적인 규제로 물질적 육체적 욕구충족이 제약 속에 억압될 때에는 충동적이며 충격적 방식으로 돌파구를 찾아 욕구를 폭발시키려는 경향을 갖는다.

염불수행은 물질과 육체에 집착된 탐욕의 심리를 다스릴 수 있으며 심리적 갈등의 심화와 정신적 충격 등에 의한 범죄성향을 교정시킬 수 있다.

마음을 정밀하게 변화시켜서 주체적이며 본질적이 되면 자존감을 느끼게 됨으로 현실에 대한 집착이나 분노심을 가질 필요가 없게 되어 마음이 안정되고 안락을 누리게 된다.

사랑의 노래 염불소리

동물의 왕국이라는 텔레비전 프로를 보면 호랑이와 사자가 먹잇감을 사냥할 때는 전력질주를 하는 것을 볼 수 있다. 먹잇감을 물고서는 숨통이 끊어질 때까지 기다린다.

거기에는 기다림에 따른 지루함이나 무기력이란 없다. 남녀가 서로에게 반해서 마음을 빼앗기게 되면 에너지의 흐름이 계속 이어진다. 둘 사이에는 세상의 그 무엇도 장벽이 되지 않는다. 그러므로 '사랑에는 국경도 초월 한다.' 는 말이 생긴 것이다. 사랑이라는 열정적인 에너지가 자신을 망각하고 개체의 한계를 넘어서게 하는 것이다. 종교, 즉 religion의 어원은 라틴어 religio인데, 이는 '재연결' 이라는 뜻이다. 원래 천지와 나는 그 마음과 몸이 하나였던 것이다.

단지 의식의 분열로 그 일체감을 잃어버리고 지내다가 수행을 통해서 다시 일체감을 회복해 나가는 것이다. 동양의 인간관에서 '나' 는 우주의 축소판이라고 한다. '나' 의 확대가 우주라는 것이다. 이러한 사실은 오직 수행을 통해서만이 그 체감이 가능하게 된다.

비우고 또 비우니 어찌 즐겁지 아니하랴!

성철스님을 친견할 때에는 반드시 3천 번의 절을 부처님께 올려야 하는 조건이 붙어 있었다. 이 조건은 지위고하, 빈부귀천을 막론하고 주어졌었다. 스님을 친견하러 찾아온 고관대작들이 이 3천 배의 장벽에 막혀서 그냥 돌아가는 일들이 생기곤 하였었다.

이 3천 배의 조건을 이해치 못한 사람들은 마치 스님께 3천 배를 올려야 한다는 것으로 와전시키며 수행자가 교만스럽다고까지 말하기도 하였다. 이 3천 배의 조건 속에는 어리석은 중생에 대한 스님의 깊은 자비심이 깃들어 있다는 것을 알아야 할 것이다.

절에 관한 자연원리적 이치는 철학적, 종교적 신앙이나 수행의 의미가 크며 정신의학, 정체공학적, 대인처세적인 우수한 지혜가 깃들어 있는 것이다. 절이란 행위속에 이렇듯 다양한 뜻이 있다.

주역 지산겸괘의 정신으로 절을 이해해 보면 땅이란 대지요 나아가서는 지구요 우주가 된다. 산이란 그 대지위에 우뚝 솟아 있고 많은 것을 쌓아둔 모습이니 정신이나 물질이 보관된 창고 이기도 한 것이다.

이러한 창고가 땅 아래에 있는 구조를 보여주고 있다. 평지 인 땅처럼 겸손(하심)함을 가지면 그 가운데 산처럼 크게 쌓이 는 공덕이 나타나게 된다는 것이다. 하늘을 상징하는 양효가 땅 을 상징하는 내괘 정상에 내려와 있는 것은 인체에서 하늘을 상 징하는 머리가 절을 통해서 땅이라는 바닥에 이르게 되는 것은 지산겸괘 형상 그대로인 것이다.

불가에서는 우주의 본 성품(空)처럼 마음을 비우는 것이 성공 의 조건이라고 한다. 이 비어있음은 겸허함으로 나타난다. 달도 차면 기운다 음양의 변화는 기울기 직전에 '비움' 의 정신을 실 천하면 더 이상 기울 필요가 없어짐으로 달의 꽉 찬 상태를 유 지해 갈 수 있는 것이다.

그러므로 자연의 도는 '비운자' 에게는 더욱 복을 받게 하고 '차 있는 자' 에게는 그 있는 복마저 빼앗아가는 것이다. 세상을 경영하며 자신을 비우고 덜어내는 자는 더욱 많은 소유가 주어지고 비우기를 거부하고 탐욕스럽게 채우기만 하는 자는 물리적인 강제를 당하거나 재앙을 통해서 비우고 덜어내는 상황으로 내 몰리게 되는 것이다.

선한 일에 기부하거나 기도, 제사, 수행 등이 타고난 업보나 불길한 운을 다스려서 개운의 길을 열 수 있는 것이다. 지산겸의 정신은 교만한 사람은 산이 무너지는 재앙을 당하고 겸손을 실천하는 사람은 드높은 태산처럼 큰 축적을 이루어 낸다는 것을 말해주고 있다.

이는 귀신과 사람의 관계에서도 그대로 적용되는 이치이다. 인간이나 미물이나 권력이나 재물이나 지식이나 기나 뭉치면 반드시 흩어지는 것이 정해진 이치이다.

그래서 혹자는 "흙먼지가 뭉쳐서 별이 되고 그 별 속에 잠시 머물다 결국에는 흙먼지로 흩어져 버리는 것이 인생" 이라는 표현을 하기도 하였다.

크게 소유한 자는 자신의 마음을 비우고 소유를 나눌 줄 알아야 한다. 그렇지 않으면 자연의 원리에 따라서 파국을 맞이하게 되는 것이다.

행복과 불행

> 복이란
>
> 나눌수록 더 큰 복을 불러오고
>
> 불행은 나눌수록 아픔을 덜어주는 것이다.
>
> 마음을 '비우고' '나눔' 을 실천하여
>
> 자신이 모든 것을 독점하려는
>
> 마음들을 내려놓을 때
>
> 이 세상은 평화가 찾아오는 것이다.

물질이란 흐르는 물과 같아서 한 곳에 오래 머물면 썩게 마련이다. 권력 또한 한 사람이나 집단에 오래 집중되다 보면 독재에 따른 폐해가 생긴다. 그 썩은 물은 물을 마시고 사는 모든 사람까지 중병에 걸리게 하는 것이다. 상생은 나눔에서 시작되지만 탐욕은 파멸을 불러온다. 지극한 선은 흐르는 물과 같다고 하였다.

사랑은 관심이요, 집중의 힘을 일으킨다

일시적인 유행은 바람처럼 잠시 스쳐간다. 잠시 이목을 끌기도 하지만 또 다른 유행바람에 밀려서 자리를 내줘야 한다. 문화가 되어 오랫동안 사람의 가슴속에 감동을 주며 살아 있는 힘으로 존재하려면 사람들의 마음을 집중시킬 수 있어야 한다.

불경, 성경, 도덕경, 주역, 노자, 장자, 초한지, 삼국지나 위인들의 전기등은 대중의 이목을 끄는 잔잔한 감동이 있고 과거에서 현재까지의 시간흐름의 간격을 뛰어넘는다.

간격이 있으면 있는 만큼 사이를 단절시켜놓는다. 이는 사람과 사람사이에서도 마찬가지이다. 기도문이나 진언 또는 불보살님의 명호를 외우면 가슴속에서 잔잔한 감동의 물결이 일어난다.

그 이유는 마음의 집중과 계속 반복해서 이루어지는 소리의 파동이 자기를 비워내고 그 비워진 자리에 신불의 응답이 있기 때문이다. 그러나 일상에서 반복되는 일들은 집중과 자기 비움이 없이 습관적으로 움직여지기 때문에 지루하고 생기가 결여되어 있는 것이다.

우리의 생활과 인간관계가 생기를 머금으려면 일과 사람에 대한 이해와 관심이 필요하다 할 것이다. 관심이 멀어지면 한 울타리에 함께 있어도 감동이 일지 않는다.

바다에서 막 건져 올린 신선한 횟감도 시간이 흐르면서 신선도가 떨어져 본연의 맛을 잃게 되면 우리의 입맛은 다시 새로운 횟감을 찾아 나서게 된다. 새로움에 대한 과거화는 끝없이 바람의 심리를 일으켜서 한 평생 떠도는 나그네가 되게 한다. 세상은 변한다. 오늘의 새로움도 내일 가서는 헌 것이 된다. 그러므로 변화를 쫓아 기쁨을 얻으려면 취하고 버리고, 버리고 취하고를 끊임없이 반복할 수밖에 없게 된다.

부처님은 이렇게 집시 같이 떠도는 마음을 멈추라고 하셨다. 그리고 단 하나라도 마음을 정하여 그것에 집중해 보라고 한 것이다. 그렇게 하면 평화와 즐거움을 느낄 수 있다는 것이다. 평화와 행복은 노력해서 만들어지는 것이 아니다.

그것은 이미 우리와 함께 있는데 미처 알아차리지 못했을 뿐이다. 그러므로 알아차리는 노력이 있어야 한다. 바로 '관심'이다. 당신의 관심이 이르는 곳에 큰 변화가 일어난다. 그것이 글자이든 언어이든 어떠한 사물이나 사람이든지간에 새롭게 변모하게 될 것이다.

불가에 "자비의 밝은 빛 비추이는 곳에 연꽃이 피어나고, 지혜의 눈 길 이르는 곳에 지옥이 사라진다"라는 깨달음의 노래가 있다. 관심과 집중은 소원한 사이를 친근하게 만들어 주고 생기를 불어 넣어주는 힘이 있다. 그리고 마음의 변화에 따른 안락함과 세상사에 초연한 여유로움을 만들어 준다. 남천(南泉) 스님이 일하는데 지나가는 스님이 길을 묻는다.

"스님! 그 유명한 남천선원이 어디인지 아십니까?"
"삼십전이나 주고 이 호미를 샀다오."
"호미를 묻는게 아니라 남천선원을 묻는 것입니다."
"이 호미는 대단히 예리합니다."

언어나 문자의 형식에 집착하고 겉모습(형상)에 붙들리면(집착) 찾는 것이 바로 눈앞에 있어도 보질 못하는 것이다.

태산이라는 것은

산맥이란 큰 산과 작은 산이 어울려 살고 있다. 어느 날 큰 산과 작은 산이 이야기를 하고 있었다. 작은 산이 먼저 말을 꺼 냈다.

"넌 키가 커서 좋은데 왜 난 난장이처럼 작을까?"
"난 작은 너가 없이는 서 있을 수 없단다. 너가 있으므로 난 큰 산이 될 수 있는 거야!"
"그럼 내가 있으므로 너가 큰 자가 될 수 있다는 것이로구나! 난 그것도 모르고 키가 크다 작다고 불평만 늘어놓았구나!"
"그러니 오늘부터 우리 사이좋게 지내자!"

큰 산이든 작은 산이든 자기 모습을 다 보고 살지 못한다. 그 러나 이들은 하나의 거대한 산맥을 이루고 있는 한 몸인 것이 다. 서로 챙겨주며 잘 살아가야 할 이유이다.

겸손의 도리

명치시대에 일본에 도가 높은 큰스님이 계셨다. 하루는 스님 한 분이 방문하셔서 차를 대접하게 되었는데 찻잔에 찻물이 넘치도록 따르고 있는 것이었다. 이를 바라보던 스님이,

"큰 스님! 찻물이 넘치고 있습니다."
"그대의 마음이 바로 넘치는 찻잔과 같은 것일세!"

마음속에 교만함이 넘치는 사람은 더 이상 새로운 것이 들어갈 자리가 없으며, 사람들도 하나 둘씩 떠나가게 된다. 그러므로 명리(名利)가 없는 사람인데도 주변에 사람들이 모여든다는 것은 그 사람의 인품의 깊이가 깊다는 것을 의미한다. 주변에 찾는 사람이 없다는 것은 사람됨의 깊이가 얕은 사람인 것이다.

순간이 영원!

삶과 죽음이란
숨 한 번
내쉬고 들이마시는 사이에 있다.
세상에 존재하는 사물과 인간은
한 번은
이 땅에서 사라지는 죽음을 맞이한다.

그 사라지는 순간은
예고 없이 갑자기 일어난다.

그러므로 잠시라도
시간을 헛되이 낭비하며
나태하게 보내면 안 된다.

한 순간을 백년세월이라고 생각하며
값어치 있게 써야 한다.

부처는 마른 똥 막대기

어느 스님이 도 높은 스님께 묻기를

"부처가 무엇인지요?"
"똥 씻는 막대기니라!"

우주의 성품이,
부처님의 마음이요.
둘 아닌 하나의 성품이므로
극락이든 지옥이든 안 계신 곳이 없는 것이다.
지장보살님은 고통 속에 빠진 지옥사람들을 구제하기 위해서
지옥문 앞에서 울고 계신다고 하신다.
힘없고 소외되어 기본된 권리마저 누리지 못하는 사람들에게
부처님의 자비가 더욱 절실한 것이다.

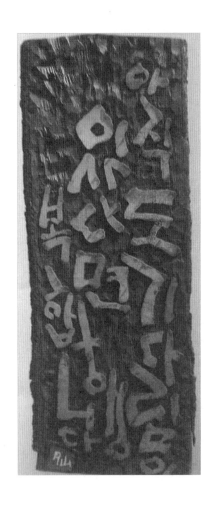

그대의 행복을 위하여 천년인들 못 기다리랴! / 월산 作

순간의 열쇠로 영원의 문을 열라!

한 학승이 건봉(乾峰)선사에게 여쭈었다.

"시방이 불국토로 통하고, 하나가 곧바로 열반으로 들어가는 문인데 어디서부터 가야합니까?"

"바로 여기서부터다"

'천리 길도 한 걸음부터' 라는 속담이 있다. 시작점이 이어져 나가면 끝점에 이르게 되는 것이니 한 발자국도 가벼이 여겨서는 안 된다. 진리는 바로 현재를 떠나서는 존재하지 않는다.

도의 이치는 정밀하고 심오한 것으로 깊이 궁리하여 들어가야만 알 수 있는 것이 아니다. 이미 우리 앞에 뚜렷이 펼쳐져 드러나 있는 것이다. 생활 하나하나에 마음이 함께 하는 것이 진리적 생활인 것이다.

그런 점에서 "만 가지 법이 하나로 돌아가는데 그 돌아가는 곳은 어디인가?" 라고 할 때 그 자리 또한 바로 현재 자신이 머물고 있는 이 자리인 것이다. 하는 일을 하찮게 여기지 말고 마음을 그 하는 일에 몰입시켜라 그곳에 행복이 있다.

천국과 극락

"심령이 가난한 자는 복이 있나니, 하늘(행복)이 저희 것이니라.",

"마음을 비운 자는 복이 있나니, 극락(행복)이 저희 것이니라."

물은 흐르다 빈 곳이 있으면 그곳을 가득 채우며 내려간다. 그래서 냇가가 되고 강이 되고 바다가 된다.

바람은 불다 빈 곳이 있으면 그곳으로 들어간다. 그래서 만물에 생명을 불어넣어 살아가게 한다. 하늘의 기운은 흐르다 빈 마음이 된 사람을 보면 그곳으로 흘러들어간다. 그래서 생명과 지혜와 영혼있는 마음에 빛을 비추인다.

그러므로 재앙은 마음이 교만한 사람을 찾아가고 축복은 빈 마음이 된 겸손한 사람을 찾아 간다.

나눔!

마음을

비우고 또 비우면

그 비워진 생각이 보다 큰 세상에 합류하여

자신과 세상을

보다 행복하게 만들어 내게 된다.

부자가 되려면

이웃을 위해서 부를 나누라,

권력을 쥐려면

백성을 위해서 권력을 사용하라,

석학이 되려면

자신이 소유한 지식을

아낌없이 대중을 위해서 내어놓아라,

부처가 되려면

자신의 일생을 모든 사람들의 행복을 위해서 바쳐라!

그러므로 성인의 발자취를 따르는 자는

옷 한 벌에

방석 한 개면 족하다.

부처란 다 비우고도 행복한 사람

> 행복과 성공이란
> 큰 소유에 있는 것이 아니라,
> 크게 자신을 비어내는데 있다.
> 그 비움의 혜택이
> 이웃에게 돌아갈 때,
> 즐거움은 최고조에 이른다.
> 마치 태양이 떠올라 어두운 세상을 밀어내고
> 밝은 세상을 만들듯이…

행복은 자신이 하고자 하는 바를 열심히 할 수 있을 때 느끼는 감정이다. 그것은 모든 이의 행복에 자신의 하는 일이 조금이나마 기여하고 있다는 생각을 가질 때 가능한 것이다.

노래하는 가수가 음반이 많이 팔리고 여러 곳에서 불러주어 노래할 수 있는 기회를 많이 만난다면 수입이 늘고 인기도 올라갈 것이다. 그것은 자신의 노래를 통하여 많은 사람들이 휴식과 위안을 얻으며 즐거워할 수 있기에 가능한 것이다.

이처럼 행복은 자신의 행동이 보다 많은 사람들을 유익하게 하고 행복으로 인도하는 것이기도 하다. 이를 종교에서는 "얻고자 하면 먼저 주라!"고 표현한다. 베푸는 생활이며, 사회적인 봉사를 실천하는 것이다. 국가는 복지의 시행이 된다.

어두운 구석에 빛을 비추고 무기력한 곳에 활력을 불어 넣는 것은 빛의 확대이며 사회를 역동적으로 만들어 가는 것이기도 하다. 자신이 축적한 재물, 지식을 상대를 위해서 제공하는 것은 바로 자신을 성공과 행복에 이르게 하는 첩경이다.

사회적인 삶은 함께 하는 것이며 그것은 나누는 것이다. 야성이 지배하는 동물의 세상은 강자가 약자를 착취하며 군림하는 것이나 인간 사회에서는 강자가 약자를 도와서 함께 살아가는 정신을 추구한다는 것이 다르다.

자유 시장원리에 따라 상호경쟁하며 발전을 추구하는 사회에서는 사회적인 통합을 위한 분배를 잘 실천하여야 한다. 그렇지 않으면 많이 가진 자와 덜 가진 자간의 갈등, 대립이 사회통합의 장애가 되게 된다. 행복지수가 높은 사회가 되려면 빛이 어둠을 몰라내어 밝은 세상을 만들 듯이 가진 자들의 나눔의 실천이 중요한 변수가 되는 것이다.

당신의 소유를 상대를 위해 내어놓을 수 있는 마음과 행동이 있다면 당신은 성공한 사람이며 행복한 사람이라 해도 된다.

그러나 나눔의 필요성을 모르며 나눌 줄도 모르는 삶을 산다면 비록 당신의 소유가 태산같이 쌓여있고 하늘을 나는 재주를 지녔더라도 불행한 것이며 성공한 사람이라 할 수 없을 것이다.

일국을 대표하는 사람이 돈 가지고 장난을 친다든지 국민통합을 이루고 국민의 고충을 덜어주겠다고 하면서 통합과 복지에 대한 철학이 없다면 국민은 불통의 세월을 지내야 한다.

관세음(觀世音)이란 천하백성들의 하소연을 귀를 활짝 열고 들으며 이에 해결책을 내어 놓는 사람을 말한다. 당장에 피부에 와 닿는 답이 아니라도 최소한 하소연하는 그들의 고충을 가슴에 담아내는데 주저하지 않는 사람이다.

통합과 복지는 생각 이전에 마음의 문제이다. 갈등과 배고픔을 처절하게 체험하며 이의 극복을 위한 몸부림이 없는 사람이 통합을 이루고 복지를 실천하기는 쉽지 않다. 그러므로 백성들 스스로 깨달음이 없이는 자신의 몫을 챙기는 것은 요원한 문제라는 것을 알아야 한다.

깨달음의 길과 정의와 사랑과 복지가 실행되는 길은 같은 길이다. 그러므로 각자 깨달음만큼 세상은 보이고 정의와 사랑과 복지가 실현된다.

비움의 길

사랑은 본질적으로 소유개념이 없다. 그러므로 기도나 수행을 통한 깨달음이 무슨 대단한 것을 얻는 것으로 착각해서는 안 될 것이다. 새로운 것을 얻는 것이 아니라 지금껏 자신을 이루고 있는 것을 하나하나 비우고 덜어내는 것이다.

이것이 중요한 사실은 세상이 행복해 질 수 있는 가능성이 여기에 있기 때문이다. 종교의 본질은 사랑이다. 인간은 누군가를 사랑하고 있고 사랑할 수 있는 희망이 있기 때문에 살아 있는 이유와 힘을 갖게 된다.

그리고 그것은 자신의 모든 소유를 아낌없이 상대를 위해 쏟아 낼 수 있게 만든다. 기도나 수행을 통한 깨달음의 성취는 바로 이러한 사실을 아는 데 있다.

그러므로 자신의 소유를 상대를 위해 쏟아내는 것을 귀찮게 여기는 사람은 마음 가운데 사랑이 깃들어 있지 않다. 그래서 사랑을 실천하는 종교적인 인간이나 정의를 실천하는 성숙한 인간은 '무소유'의 정신을 실천하며 자기의 소유물을 사회 환원하는 것에 주저하지 않는다.

윤동주의 서시(序詩)에 "별을 노래하는 마음으로 모든 죽어가는 것을 사랑해야지 그리고 나한테 주어진 길을 걸어가야겠다." 라고 유한한 인연에 대한 연민을 사랑의 마음으로 노래하고 있다.

과연 이 세상에 그 무엇이 영원한 것이 있을까? 영원한 것이란 곧 부족함이 없는 것으로 그 무엇도 필요로 하지 않는 것이다. 그러나 이 세상의 모든 것은 변화하는 것으로 머물러 있는 시간이 한정되어 있고 그것은 서로 간에 아파하는 몫으로 주어지게 된다.

이 때 이 아픔으로부터 도망치지 않고 기꺼이 받아들이는 태도가 바로 사랑이며 정의가 된다. 이는 개인으로부터 가정과 사회, 그리고 세계가 행복해 질 수 있는 길이기도 하다.

⊙ 잃어버린 자연의 소리를 찾자!

부처님의 호흡법의 특징은 길게 숨을 내쉬는 데 있다. 호흡이란 단어를 살펴보면 '호(呼:부를 호)+흡(吸:마실 흡)'으로 되어 있다. 즉 '호' 라는 내쉬는 것이 먼저요, '흡' 이라는 들이마시는 것이 그 뒤를 따르고 있다.

이러한 호흡의 원리는 생리적 신진대사, 심리적 긴장과 이완, 마음의 평화와 행복, 깨달음 등에 영향을 미치고 있는 것이다.

내쉬는 숨은 허공 속으로 번뇌, 망상을 내뿜어 내어 자기라는 개체성을 소멸시키는 과정이요, 들이쉬는 숨은 모든 곳에 편재(遍在) 즉 충만을 이루게 한다. 우리 몸은 내쉬는 숨 속에서 긴장감을 풀고 이완하며 정신은 휴식을 취하며 안정하게 된다.

화(火)가 치밀어 오를 때, 한 숨을 내쉬거나 소리를 지르는 경우가 있다. 그런가 하면 가슴을 손으로 치면서 "내가 미쳐!", "미치고 환장하겠네!" 하며 긴~숨을 내쉬는 것을 목격하게 된다. 순간적으로 화가 치밀어 오를 때는 참지 말고 길게 내쉬어야 한다. 그렇지 않으면 생체 리듬이 깨어지면서 화(禍)를 초래하게 되는 것이다.

이런 점에서 길게 숨을 내쉬게 하는 데 주안점을 두는 염불 수행을 실천하는 것은 몸 안의 독소 배출과 정신 신경의 안정, 살아 있음에 대한 행복과 감사의 마음, 영원한 생명에 대한 깨달음에 이르기까지 큰 공력(功力)이 있는 것이다.

언젠가 우리나라에서 제일 장수하는 직업군으로 출가 수행하는 스님들이 뽑혔다. 맑은 공기 속에 오염되지 않은 식재료를 자급자족하며 자연리듬에 맞추어 해 떨어지면 자리에 눕고 해 떠오르면 기상하여 기도, 염불, 참선으로 일과를 보내는 생활이니 당연한 결과라 할 것이다.

자연의 리듬을 잃어버린 현대인은 몸과 마음의 병증이 심하다. 앞만 보고 경쟁하며 달려 나가야 하는 현실은 인간성마저 삭막하게 만들어 버렸다. 염불은 살아 숨 쉬는 자연의 소리이며 잃어버린 자연성을 되찾게 하는 구원의 소리인 것이다. 하루에 단 10분이라도 염불에 투자한다면 당신은 머지않아 변화하는 자신에 대한 놀라움으로 가득 차게 될 것이다.

⊙ 업보(業報)이야기

1. 왜 단명하는가?

우리 속담에 "콩 심은 데 콩 나고 팥 심은 데 팥 난다"는 말이 있다. 이러한 자연 이치는 도덕원리가 되어 인간 생활의 지침이 되기도 하는 것이다. 주변에 보면 식구 모두가 일찍 돌아가시는 가정이 있다.

이러한 업보는 생명의 존엄성을 깨닫기 전에는 계속 단명의 업이 내려가게 되는 것이다. 가족 중 누군가가 집안에 내려오고 있는 단명의 업을 깨달아 벗어나려는 시도를 하지 않으면 아예 집안의 대가 끊겨 버리는 데까지 이르게 된다.

생명의 존귀함을 망각하고 사람은 물론 동물이라도 함부로 죽음에 이르게 한다면 단명보(短命報)를 받고 태어나게 되는 것이다.

불치병으로 시한부 선고를 받고 얼마 못살고 죽거나 급작스런 사고를 당하여 불구의 몸이나 죽임을 당하는 경우도 있다. 그런가 하면 오랫동안 잔질 치레를 하거나 목숨을 위협하는 사고를 거듭해서 당하는 경우도 목격이 된다. 왜 그들은 목숨을 위협받거나 죽음을 당해야만 하는지 그에 합당한 이유를 자연의 소리를 통해서 이해할 수 있는 것이다.

남의 목숨을 하찮게 대하면 자신의 목숨이 위태로운 지경에 처하게 됨을 명심할 일이다.

2. 독자로서 손이 귀한 경우

나무가 여러 갈래의 뿌리를 내리지 못한 경우와 같다. 뿌리가 여러 갈래로 땅속에 내려야 줄기가 튼튼하고 여러 가지를 뻗어서 무성한 잎을 만들어 낼 것인데 뿌리가 허약하면 나무의 무게를 견디지 못하고 쓰러지게 된다.

점검해 보면 조상영혼이 자기 자리를 잡지 못하고 허공중천에 떠도는 경우가 많다. 생명의 질서가 허물어져서 뒤죽박죽이 되어 있으니 이를 바로 잡지 않고서는 가문의 번창을 기대하기 어렵고 조만간 가문은 몰락의 길을 걸어가게 된다.

3. 불임병, 유방암, 자궁암은 왜 걸리는가?

자궁이란 생명을 잉태하는 집이요, 유방이란 태어난 생명을 길러내는 밥통이다. 세상의 빛을 보지 못하고 죽어간 태아나 태어나서 길러지지 못한 채 어린 나이에 죽어간 어린 영혼이나 결혼을 하지 못하고 청춘에 간 영혼이 유방이나 자궁에 들어오게 되면 그곳의 기운이 탁해지고 혈액순환이 안 되어 냉기가 몰리게 되고 생식기능에 이상이 발생하여 아이를 임신치 못하게 된다.

또는 유방암, 자궁암에 걸려서 생명이 위태로워지는 경우도 당하게 되는 것이다. 마치 추운 겨울에 한랭한 기운이 몰려와서 대지를 꽁꽁 얼게 함으로 해서 씨를 뿌려도 뿌리를 내리지 못하고 얼어 죽는 경우와 같다. 비단 본인뿐 아니라 모친의 경우라도 자식으로서 모친의 업보를 대신 받게 되는 경우도 있는데 가까이는 4대까지 업보가 내린다.

인간의 영혼이란 남자와 여자의 씨가 자궁에서 만나는 순간에 깃들기 때문에 어머니의 태중에서 세상에 태어나는 기회를 박탈당하게 되는 사고가 발생하면 그 충격으로 인한 스트레스가 엄청난 것이다.

그래서 그 원한 맺힌 마음을 해소하기 위하여 유방과 자궁에 영혼이 깃들어 죽음에 이르게 하는 병을 발생시킨 것이다. 그러므로 보이지 않는 모태 속에서 일어난 일이라고 가벼이 여겨서는 안 된다.

영혼들은 일단 육체를 벗어난 상태가 되면 강력한 기적 작용을 인연된 후손에게 미치게 되어 인생길을 혼란에 빠트리고 사람 구실을 못하게 하는 등 불행에 처하게 한다.

이러한 문제를 해결하는 방법은 매달 사찰에서 진행하는 지장재일기도, 일 년에 한 번씩 불자대중이 함께 참여하는 백중 영가천도재, 그리고 혼자서 진행하는 특별 천도재 등을 통해서 해결할 수가 있다. 천도재를 하더라도 한 번에 해결되는 경우도 있지만 상태에 따라서는 세 번, 또는 일곱 번을 해야 되는 경우도 있다.

그렇게 해서 문제가 해결되면 자신이 원하는 바 자식을 얻고 결혼하는 길이 열리며 흐트러진 가문의 질서가 바로 서게 되어 인생길이 열리는 것이다.

⊙ 해원상생의 길

서로 마음속에 원망하는 맺힌 마음을 풀어내서 함께 번영하는 길을 걸어가자는 얘기이다.

한 가족이 되었다는 이유로 함께 당하는 고통도 그 가족들이 전생에 지은 업보의 질이 비슷하다기 때문이다. 마치 교도소에 가면 죄수를 수용하는 각 방이 있는데 죄질이 비슷한 사람들끼리 한 방에 머물게 하는 것과 같다고 할 것이다.

그러므로 누구를 원망하기 전에 왜 자신이 그러한 경우를 겪고 사는지를 생각해 보면서 이생에 반드시 자신의 마음속에 입력된 업보의 에너지를 교정하겠다는 마음을 내야 할 것이다.

그렇지 않으면 이생이 끝날 때까지 같은 업보를 갖고 태어난 사람끼리 서로 부대끼며 또 다른 고통의 씨를 뿌리고 사는 것은 물론 다음 생까지 고통스런 업보의 에너지를 짊어지고 가게 된다.

그러므로 현실적으로 당하는 자신의 삶의 환경과 모습을 관찰해 보면 인과의 이치를 미루어 짐작해 볼 수 있을 것이다. 염불은 전생, 전 전생 그리고 구세, 십세의 업보를 녹여 없애는 것이니 열심히 염불의 선업을 지어야 하겠다.

제 2 장

佛說 三世 因果經

-불설 삼세 인과경-

불설 삼세 인과경

　부처님께서 영산회상에 계실 때의 일이다. 부처님의 제자 1,250명이 한 자리에 모였을 때에 상수 제자인 아난존자가 합장 공경하고 물었다.

　"세존이시여" 세상 사람들이 선근이 희박하고 악업이 두터워서 부처님께서 일러주신 법과 도를 잘 지키지 아니하며 삼보(佛法僧)에 귀의할 줄 모르며, 계정혜(戒定慧) 삼학(三學)을 귀중하게 여기지 아니하는 까닭으로, 세상에 태어나서 인간으로서의 행할 바를 모르며, 따라서 집안은 가난하고 비천하며, 혹은 귀가 먹고 혹은 벙어리가 되어 안이비설신의(眼耳鼻舌身意)의 육근(六根)이 고르지 못합니다. 그러므로 세상에는 빈부귀천의 차별이 생겨나서 근심과 고통으로 한 평생을 마치는 사람들로 가득하옵니다. 세존이시여, 바라옵건대 삼세인과(三世因果)를 통달하신 부처님께서 저희들과 더불어 모든 사람들이 잘 알아듣고, 그리하여 마음과 몸으로써 바른 도를 행할 수 있도록 자비하신 마음으로 삼세인과에 대하여 자세히 일러 주시기를 바라옵니다."

부처님께서 말씀하시되,

"너희들은 지금 청정한 마음으로 잘 살펴 듣기를 바라노라. 내가 너희들과 중생들을 위하여 자세히 설명하여 일러주리라." 이때에 부처님께서는 삼세인과(三世因果)를 말씀하시니, 착한 일과 악한 일의 원인과 결과의 관계를 소상히 알아들을 수 있었다.

"먼저 부모를 공경하고, 다음에 부처님께 예배하면 반드시 삼보천용(三寶天龍)이 항상 보호하여 주며, 따라서 인간으로서 떳떳하게 살아갈 수 있을 뿐만 아니라, 수명이 길어지며 대대로 만복을 얻어서 부귀를 누리되, 이 가르침을 어기면 도리어 죽어서 대대로 지옥에 들어감을 면하지 못하리라.

윗사람을 공경하고 착한 사람을 앞에 모시되, 질투하지 말며 또 시기하거나 조소하지 말지니라. 또 살생을 금하고 방생(放生)하며 고통 받는 모든 중생을 가엾이 여기며 또 공양(供養)과 보시(布施)에 힘쓰면, 그것이 바로 행복의 씨앗이 되느니라.

인간의 행복이나 부귀영화 등 존귀함은, 다 전생(前生)에 닦은 바 인연이 바탕이 되어 얻어지는 법, 따라서 하나의 사람 몸으로 태어나서, 손과 눈이 같으며 또 같은 태양과 달 아래서 같은 공기를 마시며 살았으되, 착한사람과 악한사람 또 잘사는 사람과 못사는 사람으로 나뉘어져서 그 삶이 각양각색이니, 그 까닭은 자작자수(自作自受;스스로 지어 스스로 받는 것)요, 인과응보(因果應報)인지라, 곧 스스로 지어 스스로 받기 때문이니라. 그러므로 이 삼세인과 법문(三世因果 法門)을 들려주는 연유는 삼세의 인과가 다시없는 소중한 까닭이니, 이를 받들어 지니는 이는 세세생생에 온갖 복록을 누릴 것인즉, 이를 지성껏 염송하되 가벼이 여기지 말라." 부처님께서는 삼세인과에 대하여 자세히 예를 들어 말씀하셨다.

『금생에 태어나 사람으로서의 존귀함을 알고 이를 지켜 타인으로부터 칭송을 받으며 존경을 받는 사람은 무슨 까닭인가?
전생에 부처님의 말씀과 그 법을 지키고 이를 끊임없이 남을 위해 가르쳐준 공덕이니라.』

『금생에 남의 스승이 되어 남을 가르치는 사람은 무슨 까닭인가?
전생에 부처님의 경전을 설할 때 청정한 마음으로 듣고 새겨 행한 까닭이니라.』

『금생에 말 타고 가마에 앉아 편안하게 다니는 사람은 무슨 까닭인가?
전생에 다리 놓고 길 닦은 공덕이니라.』

『금생에 능라, 금수, 비단옷을 입는 사람은 어떤 까닭인가?
전생에 스님들께 옷 보시 많이 한 공덕이니라.』

『금생에 먹고 입는 것이 넉넉지 못한 사람은 무슨 연고인가?
전생에 돈 한 푼 남에게 베풀지 않은 탓이니라.』

『금생에 지혜가 높아 동량지재(棟樑之材)의 구실을 하는 사람은
무슨 까닭인가?
전생에 부처님의 말씀을 받들어 솔선하여 행하였기 때문이니라.』

『금생에 총명하여 재주가 좋은 사람은 무슨 까닭인가?
전생에 경전을 널리 보급하여 스님이나 공부하는 이에게 도움
을 준 인연이니라.』

『금생에 총명하고 슬기 있는 사람은 무슨 연고인가?
전생에 재 지내고 염불 열심히 한 공덕이니라.』

『금생에 높은 자리에 올라 사람들을 통솔하는 이는 무슨 까닭
인가?
전생에 불상을 조성하였거나 불쌍하고 가엾은 사람을 구제했기
때문이니라.』

『금생에 건강하고 안락하게 잘 사는 사람은 무슨 까닭인가?
전생에 좋은 약을, 공부하는 사람이나 스님에게 기꺼이 희사하
고 또 병든 사람을 보살피고 약을 준 공덕이니라.』

『금생에 부부 화목하고 귀자다복한 사람은 무슨 까닭인가?
전생에 정법을 숭상하고 많은 선근(善根)의 인연을 맺은 까닭이
니라.』

『금생에 음성이 고와서 사람들을 즐겁게 해주는 사람은 무슨
까닭인가?
전생에 구리와 쇠를 희사하여 범종불사(梵鐘佛事)를 잘 하였기
때문이니라.』

『금생에 많은 사람의 공경을 받는 사람은 무슨 까닭인가?
전생에 빈부귀천을 가리지 않고 사람의 가치가 존귀함을 스스
로 깨달아 이를 남들에게 가르친 연고이니라.』

『금생에 눈빛이 맑고 얼굴이 밝은 사람은 무슨 까닭인가?
전생에 부처님 앞에서 등불을 밝혀 고운 마음씨를 가졌기 때문
이니라.』

『금생에 용모가 뚜렷하여 단정하고 우아하게 잘난 사람은 무슨 까닭인가?

전생에 냄새 좋은 향이나 아름다운 꽃을 불전에 헌공한 공덕이니라.』

『금생에 즐거움을 잊지 않고 살아가는 사람은 무슨 까닭인가?

전생에 꽃을 잘 가꾸고 자연을 사랑한 탓이니라.』

『금생에 부모를 모시고 화목하게 잘 사는 사람은 무슨 까닭인가?

전생에 여러 사람과 더불어 한 자리에 모여서 도를 닦고 불경을 청정한 마음으로 읽은 사람이니라.』

『금생에 근심 걱정 없이 살아가는 사람은 무슨 까닭인가?

전생에 스승을 잘 모시고 부처님의 말씀을 따랐기 때문이니라.』

『금생에 부부간에 화목하고 금실이 좋은 사람은 무슨 까닭인가?

전생에 약속을 잘 지키고 신의를 존중한 탓이니라.』

『금생에 부부가 백년해로 하는 사람은 무슨 까닭인가?

전생에 부처님께 당번(높은 회대 등에 여러 가지 아름다운 실과 천으로 장엄하게 늘어뜨리고 끝은 여의주로 장식된 법을 표시한 깃발)

공양드린 공덕이니라.』

『금생에 부모가 다 살아계시며 부모에게 사랑받고 함께 사는 사
람은 무슨 연고인가?
전생에 혼자된 사람을 잘 돌봐 주고 공경한 공덕이니라.』

『금생에 부모가 없는 사람은 어떤 까닭인가?
전생에 많은 새를 때려잡은 과보이니라.』

『금생에 아름답고 잘난 배필을 만나 행복을 누리며 잘 살아가
는 사람은 무슨 까닭인가?
전생에 부처님의 경전을 많이 인간(印刊)해서 널리 법보시(法布
施) 공덕(功德)을 베푼 인연이며, 또 불문 귀의하도록 많이 연결
지은 공덕이니라.』

『금생에 의식이 유족하여 부귀와 영화를 누리는 사람은 무슨
까닭인가?
전생에 재물을 탐내어 인색하지 않고 가난한 사람을 위해 서슴
없이 보시(布施) 희사(喜捨)하였기 때문이니라. 또 절 짓고 암자
세운 공덕이니라.』

『금생에 남에게 시기를 당하거나 부당하게 천대받는 사람은 무슨 까닭인가?
전생에 부처님 앞에 절하면서 의심을 품는 탓이니라.』

『금생에 비천하여 사람답게 살지 못하는 사람은 무슨 까닭인가?
전생에 남을 학대하고 남에게 도움이 되는 일을 아니하였으며, 또 비록 재물이 없어 보시공덕을 못 지을 적에 남에게라도 선행을 권유하는 일을 꺼린 연고이니라.』

『금생에 종노릇을 하는 사람은 어떤 연고인가?
전생에 은혜를 갚지 않고 의리를 지키지 않은 탓이니라.』

『금생에 고실광대 높은 집에 사는 사람은 무슨 까닭인가?
전생에 높은 산에 있는 암자나 절에 쌀 시주 많이한 공덕이니라.』

『금생에 남에게 부림을 받아가며 궂은 일로 평생토록 살아가는 이는 무슨 까닭인가?
전생에 수하의 사람이나 짐승을 함부로 학대하고 괴롭힌 과보이니라.』

『금생에 몸이 쇠약해서 병이 많아 신음하는 이는 무슨 까닭인가?

전생에 악취를 남에게 뿌리며 불전을 더럽힌 탓이니라.』

『금생에 수명이 길고 그 이름 떨쳐 태산같이 높은 사람은 무슨 까닭인가?
전생에 많은 생명을 보호하고 방생공덕을 베푼 때문이니라.』

『금생에 의식주가 풍족하여 여러 가솔이 단란하게 사는 사람은 무슨 까닭인가?
전생에 부처님 계신 불전(佛殿)을 청정히 하였기 때문이며, 또 전생에 가난한 사람에게 차와 밥을 베풀어 준 공덕이니라.』

『금생에 음식솜씨가 좋고 살림 잘 하는 여자는 무슨 까닭인가?
전생에 부처님 앞에 지성(至誠)껏 공양(供養)한 공덕이니라.』

『금생에 화합으로 매사를 도모해 나가는 사람은 무슨 까닭인가?
전생에 거짓말을 하지 않고 청정한 계행(戒行)을 지켜 항상 깨끗한 손으로 부처님께 향(香)을 올렸기 때문이니라.』

『금생에 남과 싸움을 일삼고 시비곡절을 지나치게 따지는 사람은 무슨 까닭인가?
전생에 많은 사람을 괴롭힌 과보이니라.』

『금생에 아들 손자 자손이 많은 사람은 무슨 까닭인가?
전생에 갇힌 새를 날려 보낸 공덕이니라.』

『금생에 자식이 없거나 잘못 기르게 된 사람은 어떤 연고인가?
전생에 여자 몸에 빠져 산 과보이니라.』

『금생에 자식에게 학대받는 여자는 무슨 까닭인가?
전생에 자식을 돌보지 않고 외간 남자와 정을 통한 과보이니라.』

『금생에 방탕한 자식을 두어 고통 받는 사람은 무슨 까닭인가?
전생에 자식들이 보는 앞에서 방탕한 음행을 하였기 때문이니라.』

『금생에 처녀의 몸으로 죽는 여자는 무슨 까닭인가?
전생에 처녀의 몸으로 남자와 놀아나 방탕한 행동을 한 과보이
니라.』

『금생에 아들, 딸이 없어서 외롭게 사는 사람은 무슨 까닭인가?
전생에 꽃을 함부로 꺾고 자연을 해친 업보이니라.』

『금생에 남편을 잃고 혼자 고독하게 사는 여자는 무슨 까닭인가?
전생에 사람들을 괴롭히고 남편을 괄시하여 학대한 탓이니라.』

『금생에 상처하고 혼자 홀아비로 지내는 사람은 무슨 까닭인가?
전생에 연약한 사람들을 구박하고 자기 아내를 천대하며 괄시한 연고이니라. 또 남의 아내와 간음한 과보이니라.』

『금생에 부모를 업신여기고 학대하는 패륜아는 무슨 까닭인가?
전생에 부처님의 정법(正法)을 소홀히 하고 부모의 은혜를 저버린 탓이니라.』

『금생에 일찍이 부모님을 잃고 고아로 살아가는 이는 무슨 까닭인가?
전생에 부모를 가볍게 여기고 학대하거나 윗사람을 업신여긴 업보이니라.』

『금생에 남의 생명을 빼앗거나 죄를 지어 무거운 형벌을 받는 이는 무슨 까닭인가?
전생에 사람을 해쳤거나 뭇 생명을 함부로 가볍게 여겼던 탓이니라.』

『금생에 약한 사람을 괴롭히고 강한 사람에게 아부하는 이는 무슨 까닭인가?
전생에 권세를 믿고 방자하게 행동하고 간교한 짓을 일삼았기

『때문이니라.』

『금생에 뜻하지 않은 재난으로 불구의 몸이 되거나 가족을 잃는 이는 무슨 까닭인가?
전생에 불경의 말씀이나 스승의 가르침을 어기고 많은 사람들의 뜻을 거역한 탓이니라.』

『금생에 제 명을 못 채우고 단명한 사람은 무슨 까닭인가?
전생에 함부로 살생하고 뭇 사람의 마음과 몸을 괴롭힌 과보이니라.』

『금생에 괴질(怪疾)로 신음하거나 목숨을 잃는 사람은 무슨 까닭인가?
전생에 부처님 도량이나 청정한 곳에 함부로 침이나 가래를 뱉어 더럽게 한 때문이니라.』

『금생에 맛좋은 음식을 두고도 위장이 나빠서 먹지 못하는 것은 무슨 까닭인가?
전생에 부처님 앞에 놓여 있는 음식을 훔쳐 먹었거나 남보다 먼저 먹은 탓이니라.』

『금생에 눈이 붉고 충혈이 심한 사람은 이는 무슨 까닭인가?
전생에 길 인도를 잘못한 때문이니라.』

『금생에 눈 밝은 사람은 무슨 연고인가?
전생에 기름 시주 많이 하고 부처님께 등불 밝힌 공덕이니라.』

『금생에 한쪽 눈을 못 뜨고 보지 못하는 사람은 무슨 까닭인가?
전생에 올바른 길을 똑바로 가르쳐 주지 않은 탓이니라.』

『금생에 입병 잘 앓는 사람은 무슨 까닭인가?
전생에 부처님 앞에 있는 등불을 입으로 불어서 꺼버린 과보이
니라.』

『금생에 귀머거리나 벙어리로 태어나는 사람은 무슨 연고인가?
전생에 부모에게 욕하고 멸시한 과보이니라.』

『금생에 꼽추로 태어나는 사람은 무슨 까닭인가?
전생에 예불하는 사람을 보고 비웃은 탓이니라.』

『금생에 팔이 비틀어진 사람은 무슨 까닭인가?
전생에 그 손으로 나쁜 짓을 한 탓이니라.』

『금생에 다리가 비틀어져 절뚝발이가 된 사람은 무슨 까닭인가?

전생에 길가는 사람을 막아놓고 때린 탓이니라.』

『금생에 살다가 눈이 우연히 어두워지는 것은 무슨 까닭인가?

전생에 부처님 앞에 등불을 입으로 불어 끈 탓이니라.』

『금생에 우연히 병신이 된 사람은 무슨 까닭인가?

전생에 부처님 앞에 있는 향로(香爐)를 타넘고 경전을 타넘은 업

보이니라.』

『금생에 우치(愚癡)하며 또는 귀가 멀고 말도 잘 못하는 이는 무

슨 까닭인가?

전생에 스님들을 흉보고 희롱하였거나 스승을 잘 섬기지 않은

과보이니라.』

『금생에 난장이가 되어 볼품없는 이는 무슨 까닭인가?

전생에 부처님의 경전을 더럽히고 늠름한 나무를 함부로 베어

서 죽게한 탓이니라.』

『금생에 몸에서 더러운 냄새가 풍기는 사람은 무슨 까닭인가?

전생에 부처님의 앞이나 남의 면전에서 추한 모습을 보였거나

더러운 꼴로 출입한 탓이며, 또 가짜 향을 판 탓이니라.』

『금생에 귀가 먹어 듣지 못하고 앞을 보지 못하는 사람은 무슨
까닭인가?
전생에 남의 물음에 동문서답하고 길을 물어도 제대로 가르쳐
주지 않은 업보이니라.』

『금생에 귀머거리는 어떤 까닭인가?
전생에 경 읽는 소리를 듣기 싫어한 과보이니라.』

『금생에 항상 병고에 신음하는 사람은 무슨 까닭인가?
전생에 부처님 도량에서 고기 먹고 술 마셨거나 질투심이 많았
기 때문이니라.』

『금생에 문둥병으로 피고름이 끊임없이 흐르고 온몸에 썩은 냄
새가 나는 사람은 무슨 까닭인가?
전생에 불탑을 소홀히 하였거나 도굴하여 헐어버린 죄보이니라.』

『금생에 성 불구의 몸이 되어 고통을 받는 이는 무슨 까닭인가?
전생에 자기 배우자가 아닌 사람과 통정을 하였거나 강제로 성
욕을 채운 죄보이니라.』

『금생에 애꾸눈이 된 사람은 무슨 까닭인가?
전생에 일찍이 거짓 물건으로 남의 눈을 속여 부당한 욕심을 부린 탓이니라.』

『금생에 허리뼈가 빠진 사람은 무슨 까닭인가?
전생에 부처님 앞에서 절하는 사람을 조소하고 우롱한 죄이니라.』

『금생에 얼굴이 누추하고 보기 흉한 사람은 무슨 까닭인가?
전생에 몸맵시가 좋은 사람을 시기하되 스스로 몸을 돌보지 않은 까닭이니라.』

『금생에 불구의 몸이 되어 고생하는 이는 무슨 까닭인가?
전생에 함부로 불법을 비방하고 물고기를 낚아 올린 과보이니라.』

『금생에 코가 납작해서 사람들의 놀림을 받는 이는 무슨 까닭인가?
전생에 불전에 올리는 향을 가짜로 만들었거나 사람들이 먹는 음식물을 더럽혀서 팔았기 때문이니라.』

『금생에 와서 악한 질환(疾患)으로 고생하는 사람은 무슨 까닭인가?
전생에 남이 귀하게 되는 것을 시기하고 방해한 탓이니라.』

『금생에 짐승으로 태어나 우마(牛馬)의 신세로 고생하는 것은 무슨 까닭인가?
전생에 은혜와 의리를 저버리고 남의 빚을 갚지 아니한 때문이니라.』

『금생에 돼지나 개가 되는 이는 무슨 까닭인가?
전생에 남을 속이고 해친 사람이니라.』

『금생에 제 명대로 못살고 자살하는 사람은 무슨 까닭인가?
전생에 개천 물을 막고 독약을 풀어서 물고기를 잡은 업보이니라.』

『금생에 귀한 벼슬자리는 무슨 연고인가?
그 전생에 있어 불상을 도금한 공덕이라. 전생에 닦아서 금생에 받는 것이니, 곤룡포와 금관 조복도 불전에 구할지니라. 도금불사가 바로 자기 몸단장이니 그러므로 부처님 위하는 것이 제 몸 위하는 것이니라. 높은 벼슬자리가 쉽다고 하지 말라, 전생에 닦지 못한 일이 어디서 오겠는가?』

『금생에 굶어 죽는 사람은 무슨 까닭인가?
전생에 쥐구멍과 뱀 구멍을 때려 막은 탓이니라.』

『금생에 난쟁이 신세는 무슨 까닭인가?
전생에 경전 책을 흙바닥에 던진 탓이니라.』

『금생에 목구멍에 피 올리는 자는 무슨 연고인가?
전생에 고기 먹고 염불하고 독경한 과보이니라.』

『금생에 창병. 간질병. 미친병은 무슨 까닭인가?
전생에 불도량에서 고기구운 과보이니라.』

『금생에 비참한 죽음을 하는 사람은 무슨 연고인가?
전생에 여자를 숲에 끌고 가서 욕보인 과보이니라.』

『금생에 늙어서 혼자되어 외롭고 슬픈 사람은 무슨 연고인가?
전생에 다정한 사람들을 보고 항상 질투하던 과보이니라.』

『금생에 호랑이나 독사에게 물리는 사람은 무슨 까닭인가?

전생에 원수 짓고 마주치면 해를 입힌 탓이니라.』

『금생에 벼락 맞고 불에 타 죽고 하는 자는 무슨 까닭인가?
전생에 되질, 말질, 저울눈을 속이던 과보이니라.』

『금생에 천재지변(天災地變)을 만나 참변을 당하는 사람은 무슨
까닭인가?
전생에 재물을 탐내 저울이나 말수(斗量)를 속여 편취한 과보이
니라.』

『금생에 뱀이나 새로 태어나는 것은 무슨 까닭인가?
전생에 간사하고 거짓되고 경솔한 업을 지은 탓이니라.』

『금생에 맹수나 독사에게 물린 이는 무슨 까닭인가?
전생에 불법승(佛法僧) 삼보(三寶)를 거역하고 싸움질로 원수를
갚았기 때문이니라.』

『금생에 감옥살이를 하는 사람은 무슨 까닭인가?
전생에 남의 사정 보지 않고 서슴없이 악한 짓한 과보이니라.』

『금생에 독약 먹고 죽는 사람은 무슨 까닭인가?

전생에 냇물 막고 독약을 뿌려 고기를 잡은 과보이니라.』

『금생에 고독한 신세가 되어 구걸하러 다니는 사람은 어떤 연고
인가?
전생에 악한 마음을 품고 따지기를 좋아한 탓이니라. 진리의 말
씀이나 정의와 참됨을 보고도 못 본 체 하고 듣고도 못들은 체
하며 믿지도 아니하는 사람은 필경에는 축생(畜生)의 과보를 받
을 것이니라.』

  불법승 삼보를 거역함이 제일가는 죄업이 되고 부모를 거역함
은 은혜를 저버리는 것이니라. 이 가르침을 믿지 않고 행하지 아
니하면 살아서 곤궁하고 사람다운 사람이 될 수 없으며, 자칫
죽어서는 지옥이나 악도(惡道)에 떨어질 것이니라. 인연과 과보
의 이치를 잘 알아서 믿고 행하는 사람은 천상천하(天上天下)에
존귀한 사람이 될 것이니라. 누구든지 인과를 설하는 경계를 자
세히 듣고 실행할 지니라. 수없는 죄와 복을 자신이 짓고 자신이
받으니 지옥에 떨어진들 누구를 원망하랴!

  인과응보 없다는 말 함부로 말하지 말라. 멀리는 자손에게 있
고, 가까이는 자기에게 있나니 어리석은 자는 괴로운 오늘의 악
업의 과를 피해 도망쳐도, 자신이 지었기에 받아야할 악업의 씨

앗은 또 다른 곳에서도 기다리는 법이건만, 미워하고 원망하면서 또 다시 죄와 입으로 업을 지어 다음생의 악업의 씨앗을 뿌린다.

현명한 사람은 업이란 스스로 지어 스스로 받는 것인지라 참회하고 수도(修道)하여 다음생의 좋은 결과를 위해서 오늘 선한 씨앗을 심는 것이다.

一 천 겁을 같이 선근을 심은 사람은 같은 나라에 태어나고,

二 천 겁이면 하루 동행을 하고,

三 천 겁이면 하룻밤 함께 자게 되고,

四 천 겁이면 한 동족, 한 마을에 태어나고,

五 천 겁이면 한 이웃에 태어나고,

六 천 겁이면 하룻밤을 동침하게 되고,

七 천 겁이면 한집에서 살게 되고,

八 천 겁이면 부부가 되어 살게 되고,

九 천 겁이면 형제자매가 되어 살게 되고,

萬 겁의 선근을 심으면 부모, 사제간이 된다.

재(齋) 많이 지내고 닦은 공덕이 믿음이 안생기면 가까이 복받는 사람을 볼 것이요, 전생에 지은 공덕 금생에 받고 금생에 지은 공덕 후세에 받느니라.

만약에 어느 누구라도 이 경을 비방한다면 후세에 사람 몸을 받을 수 없는 곳에 태어나고 이 경을 받아 지니고 다니면 시방 법계 불. 보살이 증명할 것이며 이 경을 출판한다면 대대로 집안이 학문이 높아 명문대가가 될 것이니라.

어떤 사람이라도 인과경을 받들어 지니면 흉한 재화나 액난에서 벗어날 수 있으며 이 경을 강론하는 사람은 세세생생에 지혜와 총명함을 얻을 것이요, 어느 누구라도 인과경을 독송한다면 후세에 태어나 모든 사람들에게 존경을 받을 것이니라. 이경을 널리 여러 사람들에게 권장하고 펼친다면 후세에 제왕 몸을 얻을 수 있으리라.

만약 전생의 인과경을 묻는다면 가섭이 보시한 공덕으로 금빛 몸을 얻은 것을 말할 수 있고 만약 후세의 인과경을 묻는다면 선성(善星·부처님께서 오랜 옛날 보살이었을 때의 아들, 그는 출가하여 제 四 선정(禪定)까지 깨우쳤으나 나쁜 친구를 가까이 하여 인과를 업신여기고 부처님에게 악심까지 품어 무간지옥에 빠졌다.) 이 법을 비방하다가 사람 몸을 잃은 것을 말할 수 있으리라. 삼세 인과경을 받아 닦아서 거듭 선과(善果)를 닦으면 모든 하늘이 도움을 안겨줄 것이요 많은 복록이 풍족할지니라.

누구든지 인과를 믿고 인과를 지킬 것이며, 이를 믿고 지키는 사람은 언제 어디서나 안락하여지고, 항상 삼보청룡이 옹호하여 주느니라. 삼세의 인과설은 다함이 없고 용과 하늘은 착한 마음 가진 이를 저버리지 않으며 삼보 문중에 복덕 닦기를 즐겨한다면 한 푼 희사라도 만금을 되돌려 받을 수 있느니라. 너희에게 견우고(堅牛庫; 재물과 값진 보배가 가득하고 병들지 않고 오래 살 수 있으며 나쁜 마음까지 없어지는 약이 있다는 창고)를 주노니 세세생생에 복락이 끝이 없으리라.

금생에 삼보를 공경하고 귀의(歸依)하며 진실로 믿어서 경전을 법보시하는 사람은 다음 생에는 반드시 귀하게 태어나서 무량한 복락을 얻을지니라. 만약 인과경을 써내거나 펴내는 데 힘쓰고 시주하는 사람이 있으면 그는 어떠한 역경에도 이겨낼 수 있는 용기와 지혜를 얻어 마음의 안정을 도모할 수 있을지니라.

만약 인과경을 가르치는 사람이 있으면 그를 많은 사람이 존경하고 추앙할 것이며 죽어서는 극락세계로 가서 다시 새로운 생을 얻을 수 있을지니라. 만약 전생 일(因果)을 묻는다면 금생에 받는 것이 바로 그것이요, 후세의 일(因果)을 묻는다면 금생에 짓는 것이 바로 그것이니라.

이 세상에서 우연히 물건을 잃었거나 도적을 만나 빼앗기면 그것은 전생의 진 빚을 갚는 것이지만 남을 동정하고 고통 받는 사람을 가없이 보살피는 이는 내생의 인(因)을 맺으며, 선과(善果)를 받게 되는 것이나라.

예컨대, 전생에 부귀를 누렸다고 하더라도 계속해서 공덕을 짓지 아니하면, 이미 지어놓은 복은 하나이니 어찌 복을 계속하여 짓지 아니할 것인가? 그러므로 내일의 행복을 위하여 끊임없이 오늘의 복을 지어야 할 것이다.

내일의 행복을 위하여 오늘에 있어 선한인연을 지으면 그는 언제 어디에서도 마음의 안정을 얻고 사람의 존경을 받으며, 의식은 구족할 것이다. 만약 사람이 인과법을 믿고 공경하면, 아미타불과 서로 짝 할 것이나라. 말세중생이 복이 없고 때(垢)가 중하여, 인과를 알지 못하고 종종 타락하는 도다.

부처님의 말씀을 전하는 이 경(經)이 세상에 있으니 만약 수행하는 비구, 비구니와 선남선녀들이 이 경을 써서 세상에 전포(傳布)하여 염송하는 자가 있으면 이 세상에서 부귀영화와 건강과 같은 사람들의 소구 소망을 성취하고 곧 불국정토 극락세계 아미타불이 계신 연화대에 탄생하여 부처님의 수기를 받을 것이나라.

만 가지 업이 스스로 지어 스스로 받는 것이니 지옥에 들어가서 온갖 괴로움을 받은들 누구를 원망할 것인가, 인과를 현재에 보는 사람이 없다고 이르지 말라, 멀리는 자손에게 있고 가까이는 자기 몸에 있느니라. 만약 어떤 사람이 인과경을 훼방하면 후세에는 악도에 떨어짐이 있으리라. 전생에 닦고 와서 이생에 받는 것이니 금생에 마음을 닦지 아니하면 어느 때에 복을 지으리오.

누구든지 인과경을 받아 지니면 제불보살이 증명을 지어주니라. 만약 인과의 감응이 없다면 목련존자(신통제일)의 어머니가 어찌 아들의 천도재(遷度齋)로 천상에 날 수 있었겠는가?

누구든지 깊이 인과경을 믿고 닦아 행하면 다 같이 내생에는 극락세계로 가서 나게 되느니라. 삼세인과의 높고 깊은 뜻을 쉽게 말할 수는 없으나, 천룡팔부호법신장이 착한 사람을 옹위할 것이니라. 부처님께서 이 경을 설하여 마치시고 모든 하늘의 천룡팔부 신장과 사람. 사람 아닌 사람(人非人)등 모든 생령이 다 크게 기뻐하며 신수봉행(信受奉行)하기를 맹세하고 물러났다.

입을 지키고, 마음을 거두어, 몸으로 범하지 말라. 이와 같이 행하는 자라야 능히 도를 얻느니라.

저자후기

지금까지 인류는 자연의 법칙을 이용하여 문화와 문명을 일으키는 힘으로 눈부신 발전을 이룩하여 나왔지만 한 편으로는 에너지를 분열시키며 극단적으로 사용해 나옴으로 해서 본래의 통합된 질서와 평화의 정신세계(극락, 에덴동산)를 잃어버리게 된 것이다.

그것이 인간의 피할 수 없는 비극이기도 하다. 그래서 인간의 행복이란 인간이 만들어 나온 유심(有心)이라는 문화나 문명 속에서는 하나의 꿈일 뿐이다. 분열적인 말과 행동을 멈추고 무심(無心)으로 돌아가서 '개체성'을 '전체적인 관심사로 돌리지 않으면 불가능한 문제가 되어 버렸다.

사회적으로는 개인의 문제가 이제 더 이상 개인에 머물지 않고 공동체 모두의 문제로 해결해 나가지 않으면 안 된다는 뜻이기도 하다. 철학적인 주의. 주장이나 각각의 종교적인 교리나 의식으로도 행복성취는 먼 이야기가 되어 버렸다.

이제 함께 서로 보완하며 하나의 철학으로, 하나의 믿음으로, 하나의 깨달음으로 통합의 길로 나아가야만이 인간의 행복이 보장되고 지구촌의 안정과 평화가 가능할 것이다.

본 저서인 '참 행복한 나'를 통해서 여러분들은 고통의 현실을 극복하고 행복으로 나아가려는 인간이 행복을 추구할 수록 불행해 지며, 평화를 부르짖을수록 반목하며 자유를 부르짖을수록 구속감이 커지고 민주를 요구한 만큼 독재의 힘이 커진다는 사실을 알게 되었을 것이다. 그 이유는 삶의 주체인 한 사람 한 사람이 자기 마음속에 행복, 평화, 자유, 민주를 만들어 내지 못하고 상대성적인 힘의 논리 속에 휘말려 들어갔기 때문이다.

　행복은 자기 대신 그 누군가가 만들어주는 것이 아니다. 그것이 절대자인 신이나 부처, 그리고 어떤 절대 권력과 황금으로도 불가능하다. 오직 자기 현존을 깨달아 주인된 몸과 성품을 회복하는 것만이 가능할 뿐이다. 그리고 한 사람 한 사람이 깨어서 자기 자존감을 회복해 나아갈 때 이 세상은 천국(불국토)이 될 것이다.

연꽃 부처님

하늘을 향해 마음을 열고 공손히 합장하며
서 있는 모습은 흡사 천년을 산다는 학의 자태도
빛을 잃게 하는 당신!

더러운 수렁에 뿌리를 내리고서도
오염되지 않고 청정한 뜻을 펼치어
하늘을 온 가슴으로 품고 있는 당신!

세상으로부터 수도 없이 도망치고 싶어
줄달음치나 가도 가도 끝이 보이지 않아
돌아 설 수밖에 없는 나에게 진흙 밭 같이 더럽고
고통스런 지금의 자리가 바로 나의 꽃을 피울 수
있는 곳이라고 깨닫게 해주신 당신!

어느 때이든 당신을 바라보는 마음만으로도
미소를 얼굴 가득히 머금을 수 있어
행복을 알게한 당신!

초판 1쇄 인쇄일 2014년 02월 17일
초판 1쇄 발행일 2014년 02월 20일

지은이 종학 스님
펴낸이 김양수
편집디자인 곽세진

펴낸곳 📖 도서출판 맑은샘
출판등록 제2012-000035
주소 경기도 고양시 일산서구 중앙로 1456 604호(주엽동 18-2)
대표전화 031.906.5006 팩스 031.906.5079
이메일 okbook1234@naver.com
홈페이지 www.booksam.co.kr

ISBN 978-89-98374-49-5 (03220)
ISBN 978-89-98374-47-1 (세트2권)

「이 도서의 국립중앙도서관 출판시도서목록(CIP)은 서지정보유통지원
시스템 홈페이지(http://seoji.nl.go.kr)와 국가자료공동목록시스템
(http://www.nl.go.kr/kolisnet)에서 이용하실 수 있습니다.(CIP
제어번호: CIP2014004676)」

*저작권법에 의해 보호를 받는 저작물이므로 저자와 출판사의 동의 없이 내용의
  일부를 인용하거나 발췌하는 것을 금합니다.
*파손된 책은 구입처에서 교환해 드립니다.